知的財産法を理解するための法学入門

杉光一成

理系のための法律ガイド

発明推進協会

はじめに

　本書は法律学を過去に学んだことのない方（法学部出身者以外）を対象にした、いわゆる法律入門書である。その種の本は実は多数存在している。

　しかし、本書には他の法律書にはない大きな特徴がある。それはタイトルにあるように、あくまで「知的財産法」を理解するための法律入門書という点である。

　典型的には、理系出身で企業の知的財産部に配属あるいは転属されることとなった方を想定している。そもそも本書執筆のきっかけとなったのは、著者が企業の知的財産部に配属された理系の新入社員向けとして「法学概論」の研修を担当した時に、最適な本が見つからなかったことに遡る。

　知的財産法というのは法学部出身者ですら、おそらく極少数（数％）の方しか触れることのないまま卒業したであろう、言わば応用編に当たる法律分野である。というのも、憲法・民法・刑法等を中心とする基礎法学の知見を暗黙の前提としており、その意味では理解することが難解な法律といえる。数学に例えていえば、憲法・民法・刑法等が算数であるとすれば、知的財産法というのは微分・積分に相当するといえる。これにより、企業の知的財産部に配属された理系の方々が、いきなり事前知識なしに知的財産法の知識を正しく得ようとすることの困難の度合いが想像できよう。

　さて、そうであれば書店に無数に存在している法学の入門書のいずれかを読めばよいかというと、これが実はそうでもない。通常の法学入門書には民法の知識が中心的に書かれており、その中で大事なのは不動産売買にまつわる法律知識となる。不動産の購入などは通常の市民にとってはおそらく人生に一度あるかないかという最大の財産に関わる法律問題であろうから、その知識が重要となるのは間違いない。しかし、残念ながら知的財産法で不動産に関する法律知識が必要になる場面はほとんどない。これらを頑張って読むことは、言わば微分・積分を理解するために、無関係といえる鶴亀算や旅人算を勉強するに等しい。

　これが理系の新人向けの研修の時に気が付いた点であった。その体験をきっかけとして取り組んだのが、1995年に別の出版社から上梓した『理系のための法学入門』という本であり、本書の原点である。

　幸いなことに、この本は発売後に定評を得られた。例えば教科書として採用する理系の学部もあれば、弁理士試験受験のための予備校が推薦する図書ともなり、さらに、様々な新進気鋭の弁理士から「受験時代に拝読しました」あるいは「理系の弁理士受験生で持っていない人は見たことがありません」などの大変ありがたいお言葉を頂戴できた。

　本書はこのような定評を頂いた前著『理系のための法学入門』を基礎とし、主に民法の大改正を踏まえた最新刊である。最大限に活用し、知財実務あるいは弁理士試験の受験等に役立ててもらえれば幸いである。

　なお、本書の出版に当たっては、出版の動機付けに始まり、掲載条文の見直し等について全面的にご協力いただいた本学（KIT虎ノ門大学院）・客員教授で弁理士の木越勉先生に感謝を申し上げたい。また、本書の企画についてご賛同いただいた発明推進協会の小山和美様、そして短い期間で全般についてお世話になった原澤幸伸氏に感謝を申し上げたい。

令和5年2月

杉光 一成

凡　例

●本書の活用法

　本書は基礎法学の内容を中心としているため、知的財産法の説明は必要か
つ最小限にしている。したがって、知的財産法全般の知識については、別の
専門書等によって得ていただきたい。本書の活用法としては、知的財産法の
実務経験がなく知識もない、いわゆる初学者の場合は、知的財産法の本と並
行して読むことをお勧めする。弁理士試験を受験する方であれば、専門書を
読む前か並行して読めば学習効果が特に上がるものと思われる。一方、実務
経験がある方や、過去に弁理士試験を受験して既にある程度知的財産法の知
識がある方であれば、本書を読みながら分からない用語等を知的財産法の専
門書で調べればよいであろう。

●略記（〔　　　〕は引用の際の略称）

〔法令〕

特許法〔特〕	刑法〔刑〕
特許法登録令〔特登令〕	国家行政組織法〔行組〕
実用新案法〔実〕	行政不服審査法〔行審〕
商標法〔商〕	行政事件訴訟法〔行訴〕
意匠法〔意〕	裁判所法〔裁〕
パリ条約〔パリ〕	民事訴訟法〔民訴〕
憲法〔憲〕	弁理士法〔弁〕
民法〔民〕	

〔判例集〕

行政事件裁判例集〔行集〕	判例時報〔判時〕
最高裁判所民事判例集〔民集〕	

〔単行本〕

特許庁編『工業所有権法（産業財産権法）逐条解説〔第22版〕』（発明推進協会、2022年）〔特許庁・逐条解説〕

●参考文献

　法律論文の基礎や法律を学ぶための方法論については、以下の書籍が参考になる。本稿も多くをこれらの書籍に負っている。

・広中俊雄・五十嵐清編『法律論文の考え方・書き方』（有斐閣、改訂版、1981年）

・大村敦志・道垣内弘人・森田宏樹・山本敬三『民法研究ハンドブック』（有斐閣、2000年）

・弥永真生『法律学習マニュアル　第2版補訂版』（有斐閣、2007年）

●参照条文（165頁〜）

　本文中に出てくる法令の条文右上の＊印は、その条文が巻末（165頁以下）において参照できるように掲げてあるものを示す。原則として、知的財産権、並びにパリ条約以外の法令を掲げた。なお、条文は令和4年現在施行のものを収録した。なお、（　）は条文見出し、【　】は条文見出しがなく、編集者が付したものである。

目　　次

参照条文　◆165

事項索引　◆191
おわりに

第1章

法とは何か

（1）法の一つとしての知的財産法

　言うまでもなく、知的財産法は「法」の一つである。法の世界にはおよそ「法」と名の付くものであれば、どのような「法」にでも一般に妥当する原理や原則があり、これらは当然に「法」の一つである知的財産法にも適用がある。そして、このような原理や原則がおよそ「法」というものを考える基礎となるのである。

　ほとんど全ての学術、美術、音楽等における人間の活動において基礎ほど重要なものはない。その一方で、基礎ほど難しいものもない。しかし、ある分野における知識や技術を習得していくには、遠回りのように見えて、実は基礎をしっかり学ぶことが結局一番の近道だということは、経験則として誰でも感じているところではないだろうか。

　これは、法律を勉強する上でも例外ではない。法学の知識や法律の基本的な考え方を知らないままに知的財産法という法律を勉強し始めるのは、足し算を知らないうちから方程式を勉強し始めるのと同じような困難が付きまとうといってもよいであろう。やはり、法律の勉強にも基礎が重要である。足し算や掛け算が応用数学の基礎となるのと同じように、基礎法学も知的財産法を含めた全ての法律を学ぶ上でその基礎となるのである。

（2）法の内容

　そもそも「法」とは何か。法律の学習を始める以上、自ら学ぼうとしている「法」という対象が不明確では得るものは少ないであろう。したがって、知的財産法をこれから学習する前提として、そもそも「法」とは何かから考えていくこととする。まず、「法」というのは「決まり」の一種である。これは一般的な理解から容易に答えられるであろう。

　次に「法」がどのような「決まり」なのかを明らかにするために、なぜこの種の「決まり」がこの世の中に必要とされたのかから考えてみる。それは、現実の世界を順序よく考察していけば答えを求めることができる。

　第一に、人間は生物であり、子孫を残して繁栄しようとする生物種の一種である。したがって、「人間の繁栄」が生物としての人間の究極目的である。

　第二に、人間は１人では生きていけない。現代社会は高度な分業が営まれており、着る物、食べる物、使う道具等いずれをとっても誰か他の人間が作成した物を活用する場合がほとんどであり、完全な自給自足、すなわち１人の人間が、自己の生存に必要とする物の全てを自らの力で一から生産又は製造し、使用するということは現代社会ではあり得ないといってよいであろう。

　結局、人間は複数の人間が共同で生活していかなければならず、それは客観的には一つの集団と捉えることができる。その集団を「社会」と呼ぶ。その趣旨は、アリストテレス（Aristoteles BC 384-322）の「人間は社会的動物である」という言葉にも表されている。したがって、法を考えるときにも「社会」という人間集団の存在を前提に考える必要がある。

　第三に、その社会には何らかの「秩序」が必要である。「秩序」とは一般に順序や筋道を意味する。順序も筋道もないところに社会的な共同生活は成り立たない。例えば複数の人間が集まり、それらの人間の行動に順序も筋道もなく、「何をしても許され、何が起こるか分からない世界」を想像してみれば容易に納得できるであろう。

一方、「秩序」には自然界に存在する自然の秩序（摂理）もあるが、そこでは弱肉強食を基本的原理とするため、その原理に人間を委ねれば戦争という状態が生ずるのは人間の歴史を見れば自明のことといえる。しかし、戦争は、人間という生物種の繁栄にとっては望ましくない状態である。

　そこで、人間が人間という生物種の繁栄のために創出した考えが弱肉強食を基本とする「自然の秩序」ではない別の「人工的な秩序」を作ることであった。そして、それを作り出す手段として生まれたのが、個々の人間の勝手な行動を規制する「法」という「人間の行動に関する決まり」であり、これが法の発生の原点であると考えられる。すなわち、「法」は社会における人工的な秩序を作り出すための道具として生まれた人間の知的産物であるといえる[1]。

　第四として、その「人工的な秩序」は「決まり」の内容どおりに人間を行動させる何らかの「力」によって保たれる。自然の「決まり」である自然法則に反するもの（例えばリンゴが空に向かって落ちるなど。）は一般に考えられないが、人間の考えた「決まり」は人工的なものゆえ、簡単にこれを破ることができる。つまり、自然法則が「～である」という必然的なものであるのに対し、「法」は「～すべきである」という理想（これを哲学用語で「当為」という。）である点で大きく異なっている。

　しかし、「法」が「秩序」を作り出す道具である以上、その目的を達成するためには、単なる理想にとどまらず、守らない者を守るように仕向ける「力」が必要である。このように、「法」に従わない者を従わせる「力」、すなわち何らかの「強制力」が、「法」の目的である「人工的な秩序」を維持するため必然的に必要とされるのである[2]。

---

(1) 時と所を超えて妥当する人類不変の法（自然法）が存在するという考え方（自然法論）がある。これは、「法」の目的（理想）を示すものであって、現実に存在するものではないと考える。
(2) ドイツの法学者イエーリング（Rudolf von Jhering 1818～1892）の言葉「強制を欠く法というものは、自己矛盾であり、それは燃えない火というのと同じである」は有名。

　ここまでが、およそ古今東西を問わず「法」と名の付くものにほぼ共通する基本的な要素である。これを総合して「法」の定義をすれば、「法」とは「**人間という生物種の繁栄を究極の目標に置き、そのための基盤である人間社会における秩序を維持することを目的として作られた人間の行動に関する人工的な決まりであって強制力を伴うもの**」ということができる。これは「法」を考える上での本書における基本概念となるものであるから頭の中にしっかりと焼き付けておいてほしい。

（3）法の目的と知的財産法

　法が誕生した理由は、究極的には人間という生物種の繁栄のためであり、「人間社会の秩序の維持」を法の目的としている点は、現在でも、そして将来においても変わりないであろう。したがって、およそ全ての法がこの目的達成のための手段と考えることができる。そして、この「人間社会の秩序の維持」という法目的から導かれる第一のものが、「法的安定性」の要請である。

① 法的安定性

　「法的安定性」とは、一般に法に従って安心して行動できることをいうが、これも法が「秩序維持」を目的としていることの当然の帰結である。

　例えば仮に法に従って（すなわち法に違反しないように）行動したにもかかわらず、後に罰則を科されたとする。このような状況では誰も安心して行動できなくなり、法が目的とする「人工的な秩序」も維持することはできない。つまり、法に従っている限りは不利益を受けることがないように取り扱う必要があるのである。そしてこれは、次の2つの原則に結び付く。

　第一に、「法の内容は明確でなければならない」。法が人間の行動を規制する以上、その内容が不明確であれば安心して行動できないからである。本原則は、現代の法が制定法（本書22頁参照）を主としている点に結び付く。

　すなわち、人間同士の意思伝達手段の中で最も安定した文字を用いること

により、文字さえ読めれば容易に自己のとるべき行動やとってはならない行動が明確になるからである。この点、知的財産法は制定法である。これによって発明や意匠などに関して、自己のよるべき行動が明確になるのである。

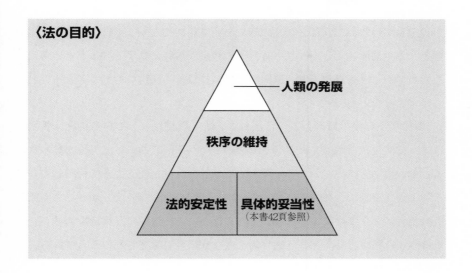

〈法の目的〉

人類の発展

秩序の維持

法的安定性

具体的妥当性
（本書42頁参照）

　第二に、「法はむやみに変更されるべきでない」。国家は法に従って行動することを要求するが、そのよるべき法がむやみに変更されては、たとえその変更に合理的な理由があったとしても安心して行動できないからである。

② 法律不遡及の原則と既得権不可侵の原則

　これらも法的安定性の要請から直接導かれる原則である。「**法律不遡及の原則**」とは、法は施行期日（本書11頁参照）から将来に向かってのみ効力が生ずるものであり、施行以前の出来事には遡って適用されないという原則である。例えば平成10年改正により類似意匠制度（自己の登録意匠の類似範囲を確認するための類似意匠の登録を認めた制度）が廃止されたが、この改正前より出願していた類似意匠の出願は改正前の法律が適用され、従前の要件を満たせば、類似意匠として登録を受けることとなる（附則４条２項）。

　もっともこの原則には例外がある。例えば施行以前の事項に対して新法の適用を認めても法的安定性を害さず、むしろそれが必要とされるときにはある時期まで遡及して適用すべきだからである。

　なお、この原則は憲法39条*に規定がある。ただし、憲法は刑法のみについて規定している。これは、行為の時において犯罪でなかった行為を事後に犯罪として処罰することが「秩序維持」の観点から特に禁ずるべきと考えられたためである。したがって、原則的には刑法以外の法律でも遡及させることは好ましくないものといえる。

　「既得権不可侵の原則」とは、法令上、既に獲得保有している権利は新法によって変更・消滅せしめるべきでないという原則である。既得権が奪われるとその権利を持っていた者が突然に不利益を受け、法に従って行動していた者に動揺を与え、社会秩序を害するからにほかならない。しかし、この原則も絶対に守らなければならないものではない。ある種の既得権を消滅させたほうが「秩序維持」という法目的にかなう場合も考えられるからである。

point解説

知的財産法に見る「法的安定性」の要請

　法的安定性の要請は、産業財産権法の規定上においては、例えば「除斥期間」（本書65頁参照）という形で存在している（商47条）。これは、商標権が本来無効となる理由を有していても、無効として扱うことによってそれまでの既成事実を全て覆すよりも、一定期間有効のものとして存在した以上は、それを前提で築き上げられた事実状態を尊重するほうが法の目的である「秩序維持」の観点から優れていると考えるものである。

③　権利と義務

　法は、社会の秩序維持を目的とし、人間の行動を規制する。現在では人間に特定の行動を強制する最後の「力」を国家が有している[3]。

そのため、やや不正確ではあるが、ある人間に特定の行動を要求する際に国家が助力してくれる（強制すること）能動的な「力」を「**権利**」と呼び、逆に特定の行動をするよう要求を受ける受動的な「力」を「**義務**」と呼ぶ。

　例えば「特許権者は、業として特許発明の実施をする権利を専有する」（特68条）という法がある。これは、特許権者から見れば発明を独占的に実施すること、逆に言えば第三者（法律用語として「当事者以外の者」の意）に実施させないことを要求できる「力」、すなわち「権利」を持つことを意味する[4]。一方、第三者はその発明を実施してはならないことを特許権者から要求されることとなり、それが「義務」になる。

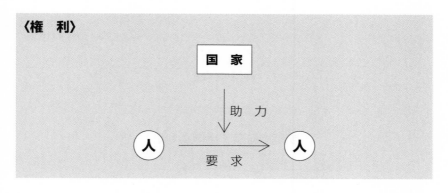

〈権　利〉

(3) 法が未発達の社会では、例えば被害を受けた本人が直接的に加害者に制裁を加えることが許される。これを「自力救済」というが、社会の秩序を維持する上で好ましくないため、現在の我が国では正当防衛などの特殊な例外を除いて原則的に禁止されており、国家のみが法の「力」の発揮を正当に行うことができる。

(4) 「権利」は、一見すると相手方に対するものであって、国家と直接関係のないもののようにも思える。しかし、相手方に請求しても相手方がその要求に応じなければ、最終的に国家に助力してもらう以外に権利の内容を実現する手段はない（自力救済の禁止）。したがって、相手方への請求は、「要求に従わなければ国家が強制する」ということが暗黙の前提となる。
例えば特許権を侵害しているからやめてほしいと相手に警告したときを考えてみよう。一見すると、直接国家とは無関係のように見える。しかし、相手がこの要求に応じなければ、自分で相手の侵害行為を有形力を行使して抑えつけることはできない。したがって、この特許権の効力も最後は国家による強制があることを前提にするのである。
なお、この観点から、最終的に国家が「力」を与えてくれるものかどうかが「権利」か「権利」でないかの判断基準ともなる。

　このように、権利と義務は表裏一体の場合が多く、通常「法律関係」といえば権利と義務の関係といってよい。

④　知的財産法の目的

　法の究極目的が「人類の発展」にあることは既に述べたが、知的財産法の中心となる産業財産権法はどのように対応しているか特許法を例に考えてみる。

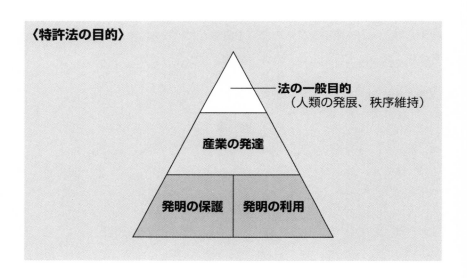

（ⅰ）産業の発達と人類の発展の関係

　人間は生物種の一種であるという宿命により、食料を体内に摂取することで自己の生命を維持していかなければならない。原始的な時代では、食料を自然状態から採取して自給自足することが一般的であった（生産者と消費者の一致）が、その後、食料の採取以外の労働に専念する者が現れるなど分業体制が進んだ（生産者と消費者の不一致）。このような分業体制は生産者と消費者を結び付けるための流通経済体制の基礎を築いた。流通は物と物との交換から始まったが、貨幣という便宜な媒体が出現してからは分業して得られた物と貨幣とが交換されるようになり、今の貨幣経済社会が成立した。

このような社会における「産業」の意義を考えると、「産業」は新しい物を生み出すための「人力」を必要とし、それが人間に新たな労働（分業）の機会を与え、労働の機会はその対価としての金銭（貨幣）所得の機会を与える。そして、所得は人間の生存の基礎となる食料等と交換され、人間の生命維持につながる。

このように考えれば、高度な分業社会である現代社会において「産業の発達」は人間の生存の基礎を築き、人類の発展という法の究極目的に欠かせない条件の一つとなっているといえる。

（ii）産業の発達を図る手段

産業財産権法は、このような「産業の発達」を図ることを目的として制定されている。次に、いかなる手段でこの「産業の発達」を図ろうとしているか、特許法を例にして考えてみることとする。

特許法1条は、「発明の保護」と「発明の利用」によって「発明の奨励」をすることにより「産業の発達」を図ることを目的とする旨を規定している。これは、以下のような因果関係を念頭に置いているものと考えられる。

まず、発明は、簡単に言えば新しい技術であり、新しい技術というものが産業の発達の原動力となるのは産業革命という歴史的な事実からも明らかである[5]。そして、新しい技術は、既存の技術の積み重ねによって得られるものであり、その意味で技術は累積的に進歩していくものである。このような特徴を持つ新しい技術に何の保護も与えられない社会を想定してみよう。

新しい技術は、通常、発明者が時間・努力・費用を費やして完成させるが、何の努力もしていない他人がこの通信手段の発展した現代において自由に模倣しても何のお咎（とが）めもないことになっては、模倣する側の利益が発明者の利益よりも大きくなってしまう。

---

(5) 英国の発明家ハーグリーブズ（James Hargreaves 1745-1778）の発明した数本の糸を同時に紡ぐ機械（1770年に特許）が、産業革命の発端を作ったとされる。

　このような状況下では、発明者はできるだけ新たな技術を秘密にしようとする。しかし、社会にとって有用な技術が秘密化されれば、技術の累積的な進歩を阻害するだけでなく、各地で重複した研究が行われるなどの社会的な無駄が生じ、結果的に産業の発達をも阻害する。

　このような観点から、発明者には新たな技術を秘密にさせずに公開させ、かつ、発明者に対し、少なくとも模倣者よりも大きな利益を与える何らかの「決まり」が必要であると考えられた。そして、発明者に発明を開示させるために発明を独占権で保護することとした。しかし、発明を無限に独占させてしまうと、技術は積み重なって進歩するものであるため、今度は技術の幅広い利用を阻害する。

　そこで、一定期間の保護を与えた後は公衆が自由に利用できるようにする（発明の利用）こととし、発明の保護と利用の調和を保ちながら産業の発達を図ろうとしている。

　産業財産権法は、このようにして「産業の発達」を図ることにより法の究極目的たる「人類の発展」に寄与しようとするが、注意すべきは、「産業の発達」は「人類の発展」のための手段の一つであるという点である。ほとんどの場合において、産業の発達を図ることは人類の発展に直結することになるといえよう。

　しかし、まれに産業は発達するかもしれないが、社会の秩序維持が図れないという面で人類の発展に反するような場合もあり得る。このようなときに、人類の発展に反してまで産業の発達を図ることはそもそもの法の究極目的に抵触するため、産業の発達という大義名分も「秩序維持」、ひいては「人類の繁栄」という究極目的の前に後退する。

　この点を明文で表現した産業財産権法の規定としては、特許法32条、特許法93条などがあるが、その他の規定も産業の発達を絶対視するのではなく、法の究極目的に反しないよう解釈し、適用する必要があるのは当然である。

（4）法の妥当範囲

　法は、自然法則と異なり人工的な「決まり」であるため、その法が妥当する範囲にも限界がある。以下、原則として法の中でも特に重要な「法律」の妥当範囲について説明する。

① 時間的範囲

　法律は、原則として施行の日から改廃の日まで（施行期間）の間において効力を有する。すなわち、法律は「施行（せこう）」によって効力を発生する。施行の前提としては、法律の「成立」（法文作成後の国会での議決による。）と「公布」（一般に知らしめることを意味するが、「官報」に掲載されるのが慣行）が必要とされる。国会での議決が必要とされるのは憲法上の要請であり（憲41条[*]）、公布が必要とされるのは、法律が国民の行動を規制する以上、その拠るべき準則について国民が知り得ない状態で効力を生ずるのは不合理だからである。したがって、公布から施行までの間は広く周知化することが望ましく、この期間を特に「周知期間」という。

---

point解説

「悪法もまた法である」の意義

　ソクラテス（Sokrates BC 470-399）の言葉として有名であるが、昔から議論のある言葉である。つまり、法の内容が本当に悪ければ「悪法もまた法である」と信じてその法を守って行動しても「秩序」は保てないことになる。他方、「悪法は法でない」から従う必要はないといってしまうと、「この法も悪法だ」「あの法も悪法だ」と自己判断して、法を守らない者が次から次へと出現するのを許すことになる。結局は、その法に従うことと従わないこととでどちらが「秩序維持」という法目的に役立つかという問題になる。したがって、「悪法もまた法である」と「悪法は法ではない」という議論は、必ずしも両者のいずれか一つが常に正当というものではない。

　周知期間は、原則として公布の日から起算して満20日とされるが（法の適用に関する通則法2条[*]）、法律自体に施行日が定められているときはそれによる（同条ただし書[*]）。例えば平成15年改正については、「この法律は平成16年1月1日から施行する。……（以下、省略）」〈附則1条（平成15年5月23日）〉のように規定している。

　一方、法律は「改廃」（変更と廃止）によって効力を失う。改廃事由としては、従来法について「廃止する」という明文を持った改正法の制定による場合が主である。これ以外としては、法律自体に有効期間を定めているもの（限時法、期限付立法などと呼ばれる。）があり、この場合は終期の到来とともに何の手続も経ずに自動的に廃止され効力を失う。

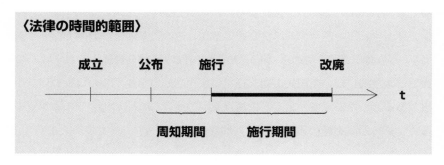

〈法律の時間的範囲〉

成立　　公布　　施行　　　　　改廃　　　t

周知期間　　施行期間

　例えば現行の特許法は昭和34年法であるが、その施行の際に大正10年法が廃止された。これについては、「特許法（大正10年法律第96号。以下「旧法」という。）は、廃止する」（特許法施行法2条）のように明文で規定されている。ただし、このような明文の規定がなくても、同一の内容について矛盾する新法が制定された場合は、「**後法は先法に優先する**」の原則（新法優越の原則ともいう。）によって、矛盾する部分の先法は効力を失うものと解されている。これは、現在により近い法律のほうが現在の秩序を維持するという法一般の目的に、より合致していると考えられるからである。

　なお、新法が施行される際に、旧法の既得権を尊重し、法的安定性を保つ見地等から「**経過規定**」が定められる場合が多い。

例えば特許出願をした後に法律が改正された場合に、その後のこの出願の取扱いについて、新旧いずれの法律が適用されるのかという点で明確でなければ、関係者は不安定な地位に立たされる。このような場合に、「経過規定」により、旧法での事項について新法でどのように扱うかを定めるのである。「経過規定」は、普通、新法の附則中に定められるが、別の独立した法律で定められることもある。特許法施行法、商標法施行法などは後者の例である。

② 場所的範囲と人的範囲

　現在の法律が国を単位に制定されている関係から国土や国民という概念があるように、法律の妥当範囲には一定の制限がある。これについては国際法との関係があるため、その項でまとめて説明する（本書137頁以下参照）。

（5）法の歴史的意義と憲法

① 国家の誕生と法との結び付き

　法は、人間の行動に関する決まりの一つであるため、法の歴史と人間の歴史の関係は密接である。法と呼べるものが人間社会にいつ頃誕生したのか定かではないが、原始的な採集経済生活の時代にも人間が集団で生活（これを「社会」と呼ぶ。）していたと考えられる以上、ある種の法らしきもの、すなわち「こうすべき」という人間の行動の基本的な決まり（呼び名は習俗、慣習、宗教でもよい。）が存在したと考えるのは困難ではない。その理由は前述のとおり、およそ何の秩序もないところに集団生活は成り立たないからである。

　歴史的には、このような人間の集団である「社会」は「国家」と呼ばれる一つの組織化された集団へ変化していった。抽象的に言えば、個々の人間でなく集団自体が目的を持ち、その目的達成に必要な「力」を備えたときに社会は一つの有機体、すなわち「国家」[6]と呼べることになろう。

---

(6) 国家の概念——領土、国民、権力が国家の三大要素といわれる。

　その際に、個々ばらばらな人間を統率し、一定の方向に導いていくための「力」がいわゆる「権力」（国民に対する強制力）である。組織化された集団である国家は、その共同社会の維持と発展のために「法」という道具を採用した。その結果、国家権力と法が結び付き、人間集団の目的である「人類の発展」（この場合、国家の概念の限界から国家の構成員である「国民の発展」といえる。）と「秩序の維持」を国家権力の強制力によって達成せんとすることになった。

　かかる権力が、1人の人間（君主、王など）に帰属するのか、一定の身分の人間（貴族など）に帰属するのか、あるいは原則として全ての人間（国民）に帰属するのか、という国家権力の帰属の問題は、人間の歴史とともに変遷してきている。そこで、次に国家権力の帰属についての歴史を概観し、「憲法」という法について考える。

② 国家権力の帰属の歴史と「憲法」

　世界に現存する国家は、その組織の「発展」と「秩序維持」の観点から、国家権力の基本・根本となる法を持っている。それが「憲法」である。

　近世の欧州諸国では、「王」という人間個人が権力を握り秩序を維持する専制政治の仕組みがとられていた（**絶対君主制**）。しかし、この体制の下では、権力を握った「王」がその「力」を濫用するようになった。個人が権力を握る（独裁政治）とそれを濫用するようになる例は歴史的にも枚挙にいとまがない。権力は濫用されやすいのである。

　そこで、権力を握った国王によって抑圧された人間（市民）が、その権力の濫用を抑止するために国王と戦ったのがいわゆる「**市民革命**」[7]と呼ばれるものである。

---

(7) 17世紀の清教徒革命、名誉革命、18世紀のフランス革命が典型。
(8) フランスの哲学者であるモンテスキュー（Charles Louis de Montesquieu 1689-1755）がその著書『法の精神』で述べたものとして有名。

この戦いによって市民が得たものは、権力を立法、行政、司法という3つの作用に分離してしまい、相互に抑制し合うようにする（三権分立[(8)]）システムである。このシステムの目的は、権力の濫用を防止し、それによって国王の抑圧から人間が自由（国家からの自由）になることであった。

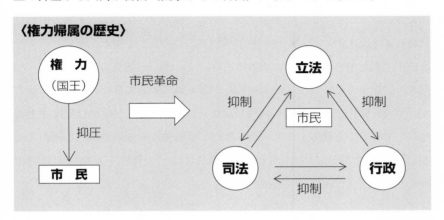

〈権力帰属の歴史〉

権　力
（国王）

市民革命

抑圧

市　民

立法

抑制

市民

抑制

司法

抑制

行政

すなわち、法は「人間の発展」を究極目的としてそのための「力」を国家に与えるが、「力」は一箇所に与えられると濫用されやすい。そこで、その「力」を3つに分離することで濫用を防止し、「人間の発展」を図るというシステムが考え出されたのである。この時代では、法の目的たる「人類の発展」とその前提となる「秩序維持」を実現するためには、国家権力から開放された人間の「自由な空間」を作り出すことが最も適切と考えられた。これがいわゆる「自由主義」という考え方である。

この体制をより強固にするために生じた概念が、身分や階級にかかわらず人間ならば誰でも持つ権利（**基本的人権又は単に人権**ともいう。）の保障である。人間にこのような権利を保障することにより、国家からの自由を担保したのである。人権という概念は、国家権力の濫用を抑止するための一つの知恵（手段）として考え出されたものと考えることもできよう。

国家の権力から自由を得た人間（国民）は、自由に経済活動を営み、資本主義経済を発展させることになった。

　この頃の国家は「**消極国家**」（「夜警国家」ともいう。）と呼ばれ、秩序維持に最低限必要な範囲（例えば犯罪の取締り）でしか国民生活に介入しなかった。しかし、資本主義経済の発展は富の偏在をもたらし、労働者と資本家の対立を始めとして国民の間に貧富の差を生んだ。「国家からの自由」は国家による人の支配を防止した半面、富が一部の資本家へ集中した結果、国家に代わって事実上の「力」を持った人間による人の支配を生み、結果として社会秩序が動揺することになったのである。そこで、国家権力の国民生活への介入を防止するという従来の消極的なシステムによって単に「自由」になるだけでは人間の発展は図れないのではないか、すなわち積極的に国家権力に対し生活の充実を図ることを求める権利（**社会権**）を認めていくことが人間の発展に役立つのではないかと考えられるようになった[9]。これが、「**消極国家**」から「**積極国家**」（「福祉国家」ともいう。）への移行である。

　このように、国家という組織と国民が本来どうあるべきかについて定めた「法」が憲法である。憲法は国家が存立する限り必要な「法」であり、「法」の持つ強制力の根源となる「権力」の帰属について定めている点において、各種の「法」の中で最も上位に位置する「基本法」であるといえる。

③　**日本国憲法**について

　日本国憲法も上述した世界の憲法史の流れを汲む憲法である。そして日本国憲法では基本的人権を保障し、**個人の尊厳**（憲13条）(個人主義)を究極の目的に据えている。

　「個人の尊厳」とは、優しい言葉で言い換えれば、**国民一人一人を大切にする**ということである。この個人の尊厳を確保するために我が国の憲法は様々なシステムを設けている。その一つが上述した「**権力分立**」の原理である（憲41条・65条・76条1項）。

---

(9) 社会権を保障した最初の典型としてワイマール憲法（1919年8月11日のドイツ国憲法）がある。

すなわち、日本国憲法も「立法」「行政」「司法」の三権に国家作用を分立し、相互に抑制・均衡を保つことにより国家からの国民の自由を確保し、もって個人の尊厳を確保しようとする。これが「**自由主義**」の理念の現れである（憲法前文*）。

　さらに、この個人の尊厳を確保するためには国民自身が国家を制御できなければならない。そのためには、治められる側（国民）の意思と治める側（国家）の意思を一致させる必要がある。それが「**民主主義**」の理念であり、その具体的な現れが「**国民主権**」である（憲法前文*・１条*）。

　一方、個人の尊厳が国民一人一人を大切にすることを意味するとすれば、必然的に国民一人一人がそれぞれ同じ価値を有することを前提にする必要が生ずる。これが「**平等主義**」の理念である（憲14条*）。そして、これらの国民一人一人を大切にするためには、何よりも戦争という状態を回避する必要がある。そのために、我が国では戦争を放棄するという「**平和主義**」を採用している（憲９条*）。

　また、資本主義経済の矛盾を解決するため、自由主義を補充するものとして社会権なども規定されている（憲25条*等）。これが「**福祉国家**」の理念の現れである。

　以上の考え方を前提に日本の国家は組織されている。例えば法というシステム自体を創出する「力」を「国会」という国民に最も近い機関に委ねている（憲41条*）。言うまでもなく「国会」は国民の代表者によって構成される。そして、その国民の代表者を選出する権利は国民にある（国民主権）。この国会の作る「法」を「法律」（狭義の意味）と呼んでいる。

　しかし、法律を作ったとしてもその内容を実行する機関がなければ単なる文章にすぎない。そこで、法律を実行（執行）する機関として内閣（行政府）が存在する。このようにして、国会が作った法律を内閣が実行するというシステムによって法律が機能し、国家も含めて国民全員が法律に違反することなく行動するのであれば何の問題も生じない。

point解説

個人主義と全体主義

「法」の究極目的は人間の繁栄（国単位で考えれば国民の繁栄）であり、そのための基盤としての「秩序の維持」を目標とする。しかし、これらを絶対の目標として大上段に是認してしまうと、「国民の繁栄」ないしは「秩序の維持」の名の下に、国家が「国民」でなく「国家」自体に価値を置き（国家主義）、本来は国民全体の繁栄を図るはずが国家の繁栄を図るために暴走するおそれがある。それは、国内においては独裁体制による国民に対する抑圧を生み〈例えば我が国の国家総動員法（1938〜1945）〉、国外に対しては国家の拡大のための戦争〈例えば我が国の太平洋戦争（1941〜1945）〉を導くことになったという歴史的事実が証明している。結局この全体主義は、多数の国民が死傷する結果に終わり、「国民の繁栄」（人類の繁栄）にはつながらなかった。すなわち、国家に「国民の繁栄」という大義名分を与えておくと、逆に「国民の繁栄」にならないことが分かったのである。

このような状況下で、これら全体主義のアンチテーゼとなるのが「個人主義」である。「国民の繁栄」とは、結局、「国民一人一人の幸福」の総和として捉えられることから、国家権力の暴走を防止するためにも国民一人一人の「力」を強化する必要がある。そのためには、人が生まれながらに持つとされる「人権」を不可侵のものとして保障する必要があり、その結果「基本的人権の保障」が憲法にうたわれることになった[10]。

この「個人主義」の採用は、将来、国家が全体主義化することを防止するための一つの手段とも考えられる。すなわち「法」の究極目標である「国民の繁栄」も、この国民一人一人の権利を擁護するシステムで達成されると考えられているのである。

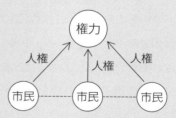

---

(10) 明治憲法（大日本帝国憲法）でも人権保障の外形はとられていたが、「法律」により人権が制限できることとされていた点で、不完全なものであった。

ところが、実際には法律に違反する行動、あるいは違反する疑いのある行動は必ず起こる。このような場合に、それを判断する権能を国会や内閣に委ねることなく中立な別の機関に委ねて紛争の解決に当たらせることが、国家の暴走を抑止し、国民の権利を守り、もって秩序の維持につながると考えられる。その権限を与えられたのが司法（裁判所）という機関である。

　このようにして、日本国憲法は、国家機関を法律を「作る」機関と「実行」する機関、そして法律に関して生ずる紛争を「解決」する機関の３つに分離し、相互に抑制させることにより国家権力の行き過ぎを制御し、一方で国民一人一人を大切にするという基本的人権を保障し、全体主義のごとき国家の暴走を抑止するシステムとして機能している。

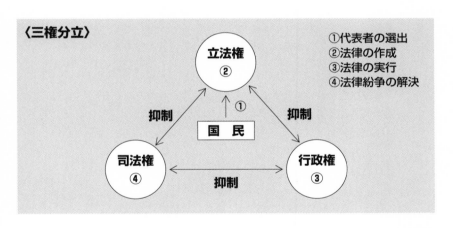

〈三権分立〉
①代表者の選出
②法律の作成
③法律の実行
④法律紛争の解決

立法権
②

抑制　　抑制

①

国　民

司法権
④

行政権
③

抑制

　日本国憲法は、そのシステムを保持すべく、憲法に反する法律の効力を認めない（憲98条１項*）。したがって、知的財産法を含む全ての法律は、上述した憲法の理念とその具体的規定に整合する内容を持っていなければならず、また、その解釈に当たっても憲法の理念・規定を尊重する必要がある。

　産業財産権法の世界においても、例えば仮に行政権の一翼を担う特許庁が特定個人の出願のみ優遇的に特許を付与する、あるいは差別的に特許を付与しないなどの措置をとった場合、憲法14条*の平等主義違反の問題が生じ得る。

したがって、憲法と産業財産権法は無関係なものではなく、産業財産権法を学習する場合にも憲法的な視点は必要である。

point解説

法諺

　法諺は「ほうげん」と読む。要するに法律に関することわざであり、法格言ともいう。

　法学の世界には著名な法格言が多数あり、一部は本文で紹介したが、本文で紹介していない法諺の幾つかをここで紹介しておく。

・「社会あるところに法あり」

　社会という人間集団がある限り、そこには必ず法があることを意味するローマ法の法諺である。

・「法は倫理の最低限」

　ドイツの法学者イエリネックの言葉であり、文字通りの意味であ

る。したがって、法に従ってさえいればそれは倫理的行動であるとはいえないわけである。

・「法の不知は害される」

　これは、法律を知らないことをもって法律の適用を免れられないことを意味するローマ法の法諺である。

　刑法38条3項本文が「法律を知らなかったとしても、そのことによって、罪を犯す意思がなかったとすることはできない」と規定しており、これは正にこの法諺を条文にしたものといえる。

第**2**章

法の分類

　「法」と名の付くものは、世の中に無数に存在する。これらを研究する際に、様々な観点から分類することが行われている。分類は、そもそも同じ分類に属するものはある種の共通点を持つということを前提にしており、その意義は複数あるものを整理し、体系付けることにある。これは、学問が一定の理論に基づいて体系化された知識と方法であるという性質上、全ての学問に共通する要請であり、これは法学においても異ならない。

（1）表現形式に基づく分類

　法の表現形式を「**法源**」という。どのような形で法が存在しているかという観点からの分類である。

　法源は、一般に、成文法（文章をもって表現された法）と不文法（文章に表現されていない法）とに分けられる。そして、世界の国々は、どちらを主たる法源とするかという点で、成文法主義をとる大陸法系諸国（フランスとドイツが中心）と不文法主義をとる英米法系諸国（英と米が中心）とに大別される。我が国は、明治時代に大陸法を継受したという歴史を持つため、一般論としては大陸法系諸国の一つとも考えられるが、戦後において英米法の影響を特に強く受けており、単純な分類は困難になっている。しかし、原則として成文法主義をとっているといえる。

① 成文法と不文法

　成文法とは、文章をもって表現された法をいうことは既に述べたが、その形成過程に着目すれば、一定の手続を経て定立され、一定の形式で公布されるため、「制定法」ともいう。

　成文法の利点は、法の内容が文書という形式をとっているため、そのような形式をとっていない慣習などよりも意味内容が明確に確認できる結果、自らの行動可能範囲が明確となり、前述した「法的安定性」の要請に合致する点にある。一方、成文法の欠点は、一度制定された法は逆に法的安定性の要請からむやみに変更できなくなり、流動変転する社会の実情に沿えなくなるという点が挙げられる。しかし、このような欠点と利点を比較すれば、利点が上回る場合がほとんどであり、その意味で成文法は重要な法源といえる。

point解説

我が国の産業財産権法小史

　現在の産業財産権法は、その源をたどると専売特許条例であるとされる（1885年）。この条例は主としてフランス法にその範を求めたとされるが、その直後、専売特許所長（現在の特許庁長官に当たる）の高橋是清が、米国の特許法を詳細に調査し、特許条例が制定された。これは、主として米国特許法に倣ったものとされる。この条例が、本格的な近代特許法の起源といわれるが、その後、戦後になって、英米からの技術導入によって復興したという歴史的背景から英米法を範に全面改正され、現行の特許法へと至っている。

大陸法系と英米法系

　フランスとドイツは、ともに成文法である古代ローマ法の研究をすることにより、法の体系が整備された歴史がある。一方、英国では、事件を類似の先例に従って解決するという判例の積み重ねによって法を体系（これをコモンローという。）付ける独自の発展を遂げた。

　そのため、前者は成文法を主たる法源とし、後者は不文法（すなわち判例や慣習）を主たる法源とすることが特徴とされる。

成文法の例としては、憲法、法律、政令、規則、条例、条約などがあり、産業財産権法も法律の一分野として成文法に分類される。

　これら成文法に対して文章に表現されていない法を**不文法**というが、その形成過程から、一定の手続を踏んでいない点で制定法に対し「**非制定法**」とも呼ばれる。歴史的には不文法から成文法への重点の移行が一般に見られるが、社会が複雑化している今日において、全てを成文法で規律するのは困難であるため、不文法は成文法と社会の実情との間隙を埋める補充的な役割として重要である。不文法は成文法の利点を欠点とし、欠点を利点とする。

　不文法の例としては、慣習法、判例法などが挙げられる。**慣習法**とは、人々の間で長年にわたり行われている慣習が法的確信を得るに至ったものをいい、強制力を有している点で単なる慣習や道徳とは異なる。判例法については後述する。産業財産権に関しては、その取得のための手続よりもむしろ財産権としての取扱いで慣習法が適用になる場合が多いと考えられる。具体例としては譲渡担保が挙げられる（本書86頁参照）。

② 成文法の種類

　上述したように成文法には、憲法、法律、命令、条例、条約などがあるが、ここでは知的財産法と関連の深い「法律」と「命令」について説明する。

（i）法律

　「法律」は、広狭２つの意味を持ち、広い意味では不文法も含めた「法」と同義であるが、狭い意味では日本国憲法の定める方式に従い、国会によって制定される成文法をいう（本書では狭い意味で用いる。）。我が国の憲法は、「国会は、国の唯一の立法機関」と規定し（憲41条）、「国会中心立法の原則」を採用しているため、法の制定は原則として立法府としての国会の法律の形式をとらなければならず、その意味でも極めて重要な法源である。

　そして、知的財産法もこの法律の一種である。

(ⅱ) 命令

　命令とは、行政府によって制定される成文法をいう。法律と命令を総称して「**法令**」という〈例えば『工業所有権（産業財産権）法令集』（発明推進協会）では、産業財産権に関する法律と命令が中心的に収録されている。〉。

　国会が、立法府と呼ばれ法律を制定することが大きな任務であるのに対し、行政府は、その法律の内容を実行することが主要な任務である（憲73条1号*）。しかし、法律の内容を実際に実行する際の細目までは法律で決めていなかったり、立法府が決めるよりもむしろ専門技術に詳しい行政府に細目の決定を任せたほうが適切だったりする場合がある。そこで、行政府に対し、例外的に上述のような命令を定めることを認めたのである（憲73条6号*）。

　命令を内容的に分類すれば、執行命令と委任命令に分けることができる。前者は法律を執行するために補充的・細則的事項を定めたもの（例えば特許出願の出願書式など。）をいい、後者は法律の規定がある事項について定めることを行政府に委ねているもの（例えば発明の単一性の要件について特37条）をいう。

　一方、命令を制定の主体で分類すれば、政令、省令などがある。政令は、行政を統括する権能を持つ内閣が定めるものをいい（例えば「特許法施行令」）、省令は、各省大臣が定めるものをいう（例えば経産省令として公布される「特許法施行規則」）。

point解説

産業財産権法は特許庁が立法したものか

　産業財産権法は、国会が制定したものであり（憲41条*）、その意味では誤りである。しかし、経済産業省の外局である特許庁は、産業財産権を取り扱う国の専門の行政機関であるため、法律（案）の取りまとめを行う立場にある（行組7条*・10条*・11条*参照）。

命令は、法律に違反してはならず、法律に違反する命令は効力を有しない。これは、命令が法律の下位規範であることが根拠とされる[1]。なお、命令の中では政令が省令の上位法となる。

③ 不文法の種類

前述したように、不文法には慣習法と判例法があるが、ここでは知的財産法に関連の深い判例法のみ説明する。

「**判例**」とは、先例として機能する裁判例又は判決例をいい、「判例法」とは、判例によって形成された法をいう。

我が国は成文法主義をとり、裁判所の判断はその事件のみ下級審の裁判所を拘束する（裁4条*）ものとされている。したがって一般的には、判決自体には後の別事件における裁判所の判断を拘束する力はないものとされている。しかし、前述した法的安定性の要請から、同種の事件は、同種の判断が行われるべきであること、最高裁の判例変更に慎重な手続が要求されていること（裁10条3号*等）などから、補充的な法源として承認されていると考えてよいであろう。

産業財産権法の世界においても判例は重要である。例えば出願の分割（特44条）について、特許請求の範囲には記載されておらず明細書や図面にのみ記載されている発明であっても分割出願できると判断した判決がある（最二小判昭56年3月13日判時1001号41頁）。この判決は、原則として、この事件のみの効力しか持たないはずであるが、今後これと異なる判断を引き出すのは、実際上、極めて困難であり、既に一種の法として機能しているといってよいであろう。

---

(1) 法には段階があり、下位法は上位法を根拠に存在するという考え方（法段階説）。オーストリアの法学者ケルゼン（Hans Kelsen 1881-1973）が説いたものとして有名。

（2）内容に基づく分類

　法の内容が権利・義務のほか、それらの発生、変更、消滅など実体的な内容を規律している法を「実体法」と呼ぶ。そして、その実体的内容の実現を請求するための手続について規律している法を「手続法」と呼んでいる。例えば民法は、主として私人間の権利・義務の内容、発生、消滅などについて規定するため、実体法に分類され、民事訴訟法は、その権利内容を実現するための手続を定めているため、通常、手続法に分類される。

　なお、産業財産権法は、特許権という権利について規定している部分は実体法といえるが、手続について規定している部分もあるため、実体法と手続法の両方の性質を持っているといえよう。

（3）対象に基づく分類

　法の内容が、「国家権力」を対象とするか、「一般私人」を対象とするかという観点からの分類が「公法」と「私法」である。

point解説

審査基準の法的性格

　特許庁から発表される各種の審査基準は、審査官・審判官によって法律の解釈が異なると平等原則違反の問題等が生ずることとなるため、特許行政の内部的な統一を図るべく作成されるものである。

　したがって、原則として、国民に直接影響を及ぼすものではなく、内部的な取扱い要領であるから、裁判所を拘束する法的な力も

ないものとされる。

　よって、審査基準に反する処分があった場合に、審査基準に反することが違法であるという主張はできない（そもそも審査基準自体が法ではないため。）。ただし、審査基準に反することで、処分を受けた他の者との関係で平等原則違反が生ずることは起こり得る（大阪地判昭45年5月12日行集21巻5号799頁）。

例えば憲法は、国家権力そのものを対象とする法であるから公法とされ、一方、民法は、一般の私人の生活関係を規律することを対象とするため私法とされる。このほか、国家権力の立法、行政、司法、の三権のうち、特に行政に関する法を「行政法」と呼ぶ（詳細は123頁以下参照）。

　この観点で、産業財産権法がどの分類に入るか検討すると、特許権は、行政庁である特許庁長官が登録することによって発生することとされている（特66条、特登令16条1号）ため、その取得のための手続に関する規定は行政法、すなわち公法の範疇に入る。しかし、特許権自体は財産権であるため、その財産権の取扱いの問題に関しては私法の範疇に入る。結論を言えば、産業財産権法は、私法と公法が混合された法律であるといえる。

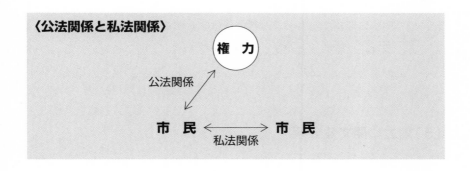

〈公法関係と私法関係〉

（4）適用範囲に基づく分類

　法には、それぞれ適用される範囲がある。人・事項等について不特定一般に適用される法を「一般法」といい、特定人・特定事項について限定的に適用される法を「特別法」という。この定義からも分かるように、この分類は複数の法を比較して初めて成立する相対的なものである。例えば商法を民法と比較した場合は、商法が商売に関する事項に限定されている点で特別法といえるが、金融商品取引法と比較した場合には、金融商品取引法が商売のうち、更に証券業に限定して規定している点で今度は商法が一般法となる。

　ところで、この分類は相対的なものであるにもかかわらず、「**特別法は一般法に優先する**」という原則に関連する点で重要な分類である。この原則は、ある事項が一般法の適用と特別法の適用の両方を受け得る場合に、特別法が優先して適用され、特別法に規定がない場合は一般法が補充的に適用されるということを意味する。具体的に考えれば、特許権者が死亡して相続人がいない場合、特許権は財産権であるため民法959条[*]の規定が適用され、「財産は国庫に帰属する」ことになるはずである。

　しかし、特許法76条には、「特許権は……相続人である権利を主張する者がいないときは、消滅する」のように、財産権のうちの特許権について限定的に規定している。この場合に、民法959条[*]と特許法76条は一般法と特別法の関係になり、特許法が優先的に適用される。その結果、相続人不存在の場合には、国庫に帰属することなく特許権は消滅することになる。

　一方、特許法は特許権者が死亡したが相続人がいる場合の規定を置いていない。この場合には、特許権も財産権の一種であるから、民法の相続に関する規定（882条〜1050条）が補充的に適用されることになる。

（5）効力に関する分類

　法は、ある一定の行動を人間に要求するが、当事者の意思によってその「力」を排除できるものと当事者の意思によっても排除できないものとに分類できる。前者を任意法規といい、後者を強行法規という（本書62-63頁参照）。

point解説

契約法、不法行為法

　知的財産法を理解するためには前提として「契約法」や「不法行為法」の理解も必要であるといわれることがある。しかし、「契約法」や「不法行為法」という名称の法律は存在しない。

　「契約法」というのは契約に関連する法規の総称であり、論者によっても範囲は異なるが、具体的には民法のうち契約に関連する総則、債権総論、債権各論の規定及び理論（場合によっては契約に関する特別法たる消費者契約法等も入る。）を指している。

　また、「不法行為法」というのも同様に不法行為に関連する法規の総称であり、具体的には民法のうち不法行為に関連する規定及び理論（場合によっては不法行為に関する特別法たる製造物責任法等も入る。）を指している。

学説の種類

　学説は、通説、有力説、多数説、少数説などに分類される。通説は広く一般に受容されている説であり、判例と重なる場合が多い。有力説は少数の者の説であるが、今後、通説になる可能性があるという意味で有力な説である。多数説と少数説は単純に論者の数で分類したものである。

　なお、これらの学説はいずれも「法」ではなく、裁判に間接的な影響を与えるにすぎない。

権利付与法と行為規規制法

　知的財産法は、産業財産権法や著作権法のように権利（例えば特許権や著作権）を付与する法律と、不正競争防止法のように権利を付与する代わりに特定の行為を規制する行為規制法に分けられるとされている。前者は移転をしたり、担保権を設定したりすることが原則として自由にできる点で後者とは異なるとされている。

第**3**章

権利の分類

　法が、様々な観点で分類されるのと同様に、その法が認める利益である権利も様々な観点で分類が行われている。

　最も基本的な分類として公権と私権という分類がある。これは、権利の内容が「国家権力」を対象とするか否かという観点からの分類であり、前述した公法と私法の分類に対応するものである。

（1）公権

　公権は、公法関係すなわち国家権力との関係で成立する権利である。特に国民が国家に対して有する権利を「個人的公権」、国家が国民に対して有する権利を「国家的公権」と呼ぶ場合がある。

　例えば個人的公権としては、民主主義理念の中で最も基本となる国民主権を実現させるものとして認められる参政権のほか、受益権、自由権が挙げられる。一方、国家的公権としては、警察権、課税権などがある。

（2）私権

　私権は、一般私人の間（私法関係）で成立する権利である。

　産業財産権法に登場する権利について、特許法を例にとると、特許を受ける権利（特29条1項柱書、33条）と特許権（特68条）が代表的である。

特許権が私権であることに争いはない。しかし、特許を受ける権利については、その性質に争いがある。特許を受ける権利は、国家に対して特許付与を請求するという意味で公権的な性質を有するが、一方において特許権と同様に私人間において売買し得る財産権であるという私権的性質も有するからである。この点、通説は両方の性質を具備するものと解している。なお、私権については、内容と作用に着目して更に以下のように分類されている。

① 内容に基づく分類

（ⅰ）財産権

財産権とは、財産的利益を内容とする権利である。物権（本書66頁参照）、債権（本書74頁参照）が代表的な例であり、産業財産権もこれに含まれる。経済的利益を目的とする権利の性質上、原則として自由に譲渡できるという性質（譲渡性）を有する。

なお、無体財産権とは、権利の客体が無体物であるという点に着目した分類であり、著作権を含む点で産業財産権よりも広い概念である。無体財産権とほぼ同義語として知的財産権という言葉もある。

（ⅱ）身分権

身分権とは、親子、夫婦などの身分的地位から生ずる利益を内容とする権利であり、親権、相続権などがその例である。この権利は身分という特殊な性格から、多くの場合、他人に移転することができない（一身専属性）という特徴を有する。

（ⅲ）人格権

人格権とは、人格的利益（生命、身体、名誉など）を内容とする権利であり、具体的には名誉権、肖像権などが挙げられる。この権利もその性質上から権利者自身との結び付きが強く、原則として譲渡が認められない。

産業財産権のうち、商標権は人格権的性質が強いといわれる。商標権は業務上の信用を保護の対象とするが（商１条）、業務上の信用は長年の営業活動の結果として生ずるものであり、その意味で営業と強く結び付いている。このような観点から、旧法では営業者が営業と分離して商標権を移転することを認めていなかった（旧法12条１項）。しかし、商標権の財産的価値を重視した結果、現行法では商標権の自由譲渡を認めている（商24条の２）。

また、著作権法に規定される著作者人格権は、人格権の一種である（著18条〜20条）。

② 作用に基づく分類

（ⅰ） 支配権

支配権とは、権利の客体を直接に支配する排他的な権利をいう。物権が典型であるが、抽象的な技術思想を支配する特許権などの産業財産権もここに分類される。

（ⅱ） 請求権

請求権とは、特定の者に対して作為（すること）あるいは不作為（しないこと）を要求する権利をいう。債権が典型であるが、物権から生ずる物権的請求権（本書66頁参照）や産業財産権に基づく差止請求権（特100条等）などもこれに含まれる。その意味で請求権は債権を包含するが、それよりも広い概念である。

（ⅲ） 形成権

形成権とは、相手方の意思を問わず、権利者の一方的な意思表示によって一定の法律関係を形成（発生、変更、消滅）し得る権利をいう。特許法16条における「追認」はこの例といえよう。

（ⅳ）抗弁権

抗弁権とは、相手の請求を拒否する権利をいう。

産業財産権法では、いわゆる先使用権（特79条）がこの性質を有する。先使用権を有する者は特許権者の差止めや損害賠償の請求を拒否できるからである。

第**4**章

法の適用

（１）法の判断

　既に述べたように、法は人類の発展を前提とした社会秩序を維持するための「決まり」である。これは、自然の決まりである自然法則と同様に、ある「原因」について特定の「結果」を導く。例えば「人を殺した」という事実を原因(1)とすれば、「死刑又は無期若しくは５年以上の懲役に処する」という結果(2)を生ずる。これが、刑法199条*に定められた「決まり」である。

　この「決まり」の存在は、前述したように人間のとるべき行動を示唆する機能を果たし（この場合では「人を殺してはいけない」）、その「決まり」の示すところに人間全員が従っており、誰一人として「決まり」を破る人間がいないことが社会秩序の面で究極の「理想」の状態といえる。

　しかし、あくまで理想であるから、現実の世界ではそれを守らない者が必ず出現する。法という決まりは、同じ決まりの一種である自然法則のように必然ではないからである。

---

(1) これを法律上、法的効果の発生に必要な条件という意味で「要件」という。
(2) これを法律上では「効果」という。「法」は、決まりであり、ある意味では原因と結果から成り立つものである。その意味で、法律を学ぶときには条文を要件と効果に分けて分析することが有用な場合が多い。

　つまり、自然法則はそれに反するものがなく、常に同一の結果が得られるという点で原因と結果の結び付きに何らの人為的要素を必要としない点で「法」と異なる。

　例えば自然法則の一つである引力の法則であれば、屋上から物を投げるという原因となる事実に対し、落下するという結果が確実に得られ、この間に何ら人間の行為の介在を必要としない。しかし、法という決まりは、原因となる事実があっても、その「結果」を実現するための人間の「判断」を必要とする。そして、その「判断」いかんによって結果が発生する場合もあれば発生しない場合もある。

　したがって、その「判断」は極めて重要であり、これが恣意的に行われるとすれば法が目的とする社会の秩序を維持することはできない。そこで、その「判断」を慎重かつ公正に行うために設けられたのが裁判所という専門機関である。

　「法の歴史的意義」（本書13頁参照）のところで述べたように、国家権力は濫用されやすい。そのため、権力を分散し、法の「力の発揮」を認めるか認めないかの「判断」を司法権、すなわち裁判所に委ねたのが現行の憲法である（憲76条）。

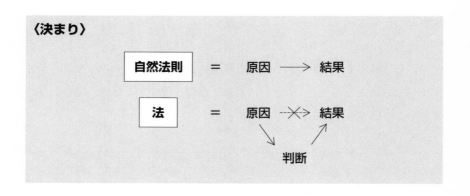

〈決まり〉

自然法則　＝　原因　──→　結果

法　＝　原因　--✕->　結果

判断

（2）法の判断過程

　次に法を判断する過程を具体的に考えてみる。まず、乙という人[(3)]が甲という人の持つ靴に関する特許権を侵害し、その発明を使用する靴を製造・販売したために、甲の靴が売れなくなるという損害が発生した場合を想定する。このような場合、甲は自己の権利が侵害された結果、損害を被ったことを理由に乙に対して損害の賠償を請求することができる（民709条[*]）。

　一方、裁判所は、乙が靴を製造・販売しているかなどの「事実」をまず判断し、確認する（これを「**事実認定**」という。）。

　そして、その適用の対象となる法、この場合であれば民法709条[*]にいう「侵害」等の要件の意義について判断する（**法規範の判断**）。

　最後に、その「侵害」という法の語義に、乙の行った製造・販売という事実が該当すると判断する（これを「法の当てはめ」という。）場合には、民法709条[*]の損害賠償の請求の規定を適用し、乙に対し甲へ損害賠償するよう命じ、最終的には「強制力」を発揮する。

　このようにして、甲の有する権利の「力」が働き、法の目的とする「秩序」が保たれることになる。

　裁判所におけるこのような一連の「法の適用」の流れ（① 事実の認定、② 法規範の判断、③ 法の当てはめ）は、法規範を大前提、事実を小前提とし、大前提に小前提を当てはめて判決という結論になる。

　これは「**法的三段論法**」と呼ばれ、裁判の基礎となっている。

---

(3) 法律の世界（特に裁判所）では、一般に原告を「甲」、被告を「乙」のように呼ぶことが慣例となっている。
　なお、被告人は刑事訴訟法上の概念であり、民事訴訟や行政訴訟では使わないので注意すべきである。

point解説

裁判所の組織について

裁判所は、大きく最高裁判所と下級裁判所に分けられている（憲76条1項）。下級裁判所には、高等裁判所、地方裁判所、家庭裁判所、簡易裁判所の4種類がある（裁2条）。

裁判所には、扱う事件についての分担（管轄）があり、管轄権のない裁判所では原則として裁判を行うことができない。例えば産業財産権の侵害事件では、その請求の額が140万円を超えない場合は簡易裁判所、140万円を超える場合には地方裁判所が管轄することになるのが原則である（裁24条・33条1項1号）。また、特許権、実用新案権等の専門・技術的判断を要する事件については、専門部を有する東京地方裁判所又は大阪地方裁判所が管轄権を有する（民訴6条）。

一方、審決取消訴訟（特178条等）については、東京高等裁判所の専属管轄となっており（特178条1項）、これ以外の裁判所を選択することはできない。

裁判所の判決に不服がある場合は、原則として3回まで裁判を受けられることになっている（三審制度）。この場合、第一審の判決に対する不服申立てを「控訴」といい、第二審（控訴審ともいう。）の判決に対する不服申立てを「上告」という。

審決取消訴訟（特178条等）は一審が省略されており、東京高等裁判所から始まるため、その判決に対する不服申立ては最高裁判所への「上告」となる。

なお、民事訴訟では、第一審と控訴審が「事実審」（事実問題と法律問題を併せて審理）であるが、上告審は「法律審」（法律問題のみを審理）である。したがって、上告審においては、「事実の認定」は行わず、法令違背の有無だけを審理することになる（民訴321条1項参照）。

（3）法の解釈の必要性

法の解釈は法学の中心とされており、法的三段論法の「法規範の判断」に該当する重要なものである。法規範の判断は、当てはめるべき「法規範の選択」と「法規範の解釈」に分けることができるが、ここでは「法規範の解釈」がなぜ必要とされるのかを考えてみる。

まず、法規範を見たときに一義的に特定の行動が導き出せれば「解釈」は不要である。解釈が人の主観を排除できない「判断」である以上、むしろ解釈がないほうが望ましいことも確かである。それゆえに、法的安定性の要請から、法はその内容がはっきりしていて明確（つまり人によって「解釈」が変わらない。）な必要があることは既に述べた。しかし、複雑で、かつ刻一刻と変化しているこの社会で起こる新しい問題や争いについて、その全てをあらかじめ想定して法を作るのは困難であり、事実上不可能である。したがって法は様々なケースを解決できるよう、一般的・抽象的な定めとなっている(4)。そのため、実際の事件に法律を適用しようとする場合、本当にこの法律を適用すべきか判断に迷う場合も多い。さらに、法は、原則として文字という意思伝達手段で記載されているが、その文字の意味は時代によって変遷する概念であり、また、一般的にその有する意味は一義的ではない。

　以上のような理由から、法の意味を「解釈」する必要が生ずるのである。ここまでの話は抽象的でいささか分かりにくいと思われるので、具体的な例を挙げて検討してみる。例えばここに「この橋、車馬の通行を禁ずる」という法があったとする。この法は一見明確なもののようにも見えるが、実際に適用する場面になると、「この橋を自転車なら通ってよいのか、あるいは象だったら通ってよいのか」など、意外に問題は多い。ここで、この具体的な法を基に一般的な法解釈の原則を紹介しておく。

---

(4) 進歩性という特許要件の内容について、例えば特許法29条2項は「容易に発明をすることができたとき」には特許を受けることができないことを規定している。この規定は、「容易に」発明できるようなものは企業の日常の活動であるため、そのような技術に独占権を付与すると企業一般の日常活動自体を阻害し、かえって「産業の発達」という法の目的に反するため、その場合には独占権を付与しない趣旨である。
　この規定も本来、法的安定性を考慮すれば、「容易に」という抽象概念を使用すべきでなく、もっと明確であるべきである。しかし、技術が日進月歩で進歩している現状にもかかわらず、具体的に「容易に発明をすることができた」かどうかを一つ一つ法律に定めておくことは事実上不可能である。むしろ、そのような例を細かく「法」に規定してもかえって法律の内容を複雑にしてしまう。そこで、このような一般的・抽象的な定めとし、技術の進歩に応じて柔軟に対応できるようにしたのである。

① 文理解釈

　文字、文章の通常の意味に主眼を置いて法律を解釈する手法である。法律というものが社会の秩序を維持することを目的として書かれた文章である以上、文章から離れて法律を解釈することはそもそも法律を規定した意義を失わせるものである。したがって、まず法律の文字そのものに解釈の重点が置かれるのは当然のことであるといえよう。

　前述した具体例からいえば、文字通り、「車」と「馬」はこの橋を通ってはいけないというような解釈である。産業財産権法の一例としては、特許要件のいわゆる新規性（特29条1項各号）の判断については、法文に「特許出願前に」とあり、「特許出願の日前」とは規定されていないから、日ではなく時分までも考慮して判断すると解釈するような場合である。

② 論理解釈

　立法の目的（趣旨）、他の法令との関係、沿革、外国の立法例等、様々な論理を用いて解釈する手法である。この手法は、法律の文字の意味そのものからはみ出るという点で、法的安定性の要請の見地からは上述の文理解釈に対して従の立場になるものである。具体的には以下の解釈手法がある。

（ⅰ）拡張解釈

　通常の文字の意味より広く解釈する手法である。例えば動物については「馬」しか規定されていなくとも「ロバ」も同様にこの橋を通ってはいけないと解釈する場合である。

　産業財産権法における解釈の例としては、発明品についての修理や改造という行為は、特許発明の「実施」という概念には含まれないが（特2条3項各号参照）、その態様によって「生産」という概念に含めて解釈する場合である。これによって、第三者が特許権者に無断で修理や改造を行えない場合があることとなる。

（ⅱ）縮小解釈

　通常の文字の意味より狭く解釈する手法である。例えば「車」の中には「軽自動車」は入らないと解釈する場合である。

　産業財産権法の例としては、特許要件の進歩性（特29条2項）の判断に「通常の知識を有する者」という概念が挙げられている。この場合において、同じ言葉を用いた特許法36条4項の規定のほうは全技術部門の当業者を意味するのに対し、進歩性の規定では一部門の当業者を意味すると解釈するような場合である。

（ⅲ）反対解釈

　規定されていない事項は、逆の効果を生ずると解釈する手法である。例えば「車馬」しか規定されていないから「人」は通行してよいと解釈する場合である。

　産業財産権法の例では、特許法100条は差止請求権について「特許権者又は専用実施権者は」と規定していることから、規定されていない「通常実施権者」は差止請求権を有しないと解釈する場合である。

（ⅳ）類推解釈

　似たもののAとBのうちAのみが規定されているとき、Bも同様の効果を生ずると解釈する手法である。例えば「馬」と「牛」は似た動物であるから、牛もこの橋を通行してはいけないと解釈する場合である。

　産業財産権法の例としては、先願の特許権と後願の特許権が併存している場合（いわゆるダブルパテント）、後願の特許権者が実施できるか否かについて特許法は規定を欠くが、同法72条において、先願の特許権を利用する場合は、後願の特許権者が実施できないことが規定されているため適法な利用発明ですら実施が制限されるのであるから、抵触（いわゆるダブルパテント）の場合には当然に実施が制限されると解釈するような場合である。

　なお、以上のような論理解釈に当たって特に重要なのは立法の目的を考えることであろう。というのも、法律が存在するのはある特定の目的があってその目的達成のためにその法文が必要と考えられたからである。

　前述の「この橋、車馬の通行を禁ずる」という事例で、例えば問題となっている橋が古くて重みに耐えられないという理由でこの法が規定されたとすれば、「車馬」のみならず「象」も通行してはならないものと解釈すべきであろう。一方、橋付近の住民のための騒音防止が趣旨であれば、自転車で静かに通行することは認められるべきであろう。

（4）法的安定性と具体的妥当性

　法的安定性の要請からは、法の内容は可能な限り明確である必要があることは既に述べた（本書4頁参照）。この要請に従えば、法の解釈・適用についてもできるだけ一定である必要がある。しかし、法の画一的な解釈によって、善良な国民が犠牲になるなどの事件が生ずれば社会が混乱し、社会の秩序を維持しようとする法の目的にも反する。

　したがって、法の解釈・適用によって具体的に生じた事件の解決が適切になされる必要があることも考慮する必要がある。これが「具体的妥当性」の問題である。

　すなわち、法的安定性と具体的妥当性は、一方を優先させると他方を損なう関係があるといえる。したがって、問題となっている法の目的、更には法一般の目的である「秩序の維持」と「人類の発展」という見地からいずれを尊重すべきかについて検討する必要がある。

　産業財産権法でよく問題になるものとして、特許権の侵害事件における特許請求の範囲の記載の判断がある。特許請求の範囲は文字で書かれており、さらに、その書かれている技術内容については他人が無断で実施すると権利の侵害となり、国家の助力をもってその行為が禁じられる点で、ある意味で法律と同じ効力を持つ（特70条1項・68条）。

したがって、その判断に当たっては上述した解釈手法（文理解釈、論理解釈）がおおむね妥当する。

　例えば請求の範囲の判断における考え方の一つとして「均等論」というものがある。均等論は、ある一定の技術については、特許請求の範囲に直接の記載がなくても、特許請求の範囲に記載されていたことと同様の扱いをする点において、前述した拡張解釈の一種である。この場合、法的安定性の要請を重視すれば、請求の範囲の文言から一歩もはみ出ることのない文理解釈が最も優れていることとなるが、実際問題としての具体的妥当性を考慮すれば、拡張解釈も許されるべき場合があるであろう[5]。

　特許請求の範囲の判断には、法律の解釈と同様の思考過程が要求されるのである。

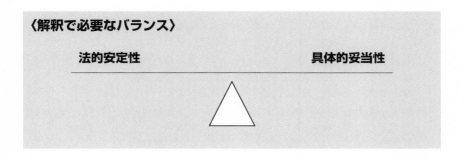

〈解釈で必要なバランス〉

法的安定性　　　　　　　　　　　　　　具体的妥当性

---

(5) 侵害者が特許発明の存在を知っていて故意に請求の範囲に記載された技術を回避するためにその技術の一部分を他の技術に置き換えたような場合であって、その置き換えが同業者であれば容易に思い付くようなものであるときなどが考えられる。

point解説

学説の対立

　法律の学習をしていく上で、学説の対立点（いわゆる論点）は最も重要である。学説が対立していないところは、法文さえ見れば誰でも理解できるところであって、人によって解釈が分かれていないところでもあるから、手元に法令集さえあればこと足りてしまう。これに対し、論点は、人によって解釈が分かれているところであるから、法令集が手元にあるだけでは足りず、その法の目的などから論理的に考えて、上述した解釈手法を駆使しながら結論を導き出す必要がある。

　この点、多くの学説の対立点は、おおむね、「形式論」と「実質論」に大別される。形式論は法文の意味をできるだけ画一的に判断し、解決しようとするものであり、法的安定性に優れるものであるが、具体的妥当性に欠ける場合が生ずるのが欠点である。

　一方、実質論は個別・具体的な状況を考慮して判断するものであるため、具体的妥当性に優れ、非常に良いもののようにも思える。しかしながら、その場限りの解決という要素が強く、自分の将来の行動に際しての準則になりにくいという点で、法的安定性に欠けるきらいがある。

　結局、学説の対立はいずれかが絶対的に正しいというものではなく、むしろ法的安定性と具体的妥当性のどちらを優先するのが「秩序の維持」あるいは「人類の発展」という法の目的にとってプラスになると考えているかという価値観の相違に由来することが多いといえよう。

　例えば会社（法律上の「使用者」に当たる。）の従業員（法律上の「従業者」に当たる。）の完成した発明が職務発明とされるためには、使用者等の「業務範囲」に属する発明であることが一つの要件とされる（特35条）。仮に職務発明が成立すれば、会社はその発明を実施する権利を有することとされているため、「業務範囲」という法律の文言の解釈は、発明者である従業員と会社側の双方に大きな影響を与える。

　この「業務範囲」の解釈について、学説は次のように分かれている。一つの説は法人については「定款に定められた目的の範囲」（定款説）であるとし、他の説は「定款とは無関係に、使用者が現に行っている、あるいは将来行うことが具体的に予定されている範囲」（通説）であるとする。

　定款説は定款に記載された内容を基準にして画一的に判断しようとする点で「形式論」に、通説は判断を個別・具体的に行おうとする点で「実質論」にそれぞれ分類できる。

これらを検討すれば、結局、法的安定性と具体的妥当性のいずれを優先するのかという問題になろう。

パンデクテン方式

アカデミックな民法学の講義を聞いたことがある者でこの言葉を知らない者はいないはずである。パンデクテン方式とは、個別的規定に先立ち、一般的・汎用的な規定を共通のものとして先にまとめておくという条文の並べ方（構造）である。日本の民法は権利の主体としての「人」や「法人」、そして権利の客体としての「物」といったどの民法の規定にも関連するような共通の事項について「総則」と称して最初のほうにまとめて規定している。そのため「日本の民法はパンデクテン方式で編纂されている」といわれている。

このパンデクテン方式にはメリットとデメリットがある。メリットは共通の事項をまとめておくため全体として条文数が少なくなり体系的に整理される（つまり重複がない。）。デメリットとしては、冒頭に極めて抽象的な規定（言い方を変えれば無味乾燥な規定）が出てくるため、条文を規定順に読んで理解しようとしてもなかなか理解が進まず、特に初学者には学習しにくいという点が挙げられる。

例えば産業財産権法はこのパンデクテン方式を採用しているといえる。なぜなら、例えば特許法第1章は「総則」であり、権利の主体が未成年である場合の手続能力の規定（特7条）、権利の客体である「発明」の定義（特2条1項）をはじめとする各種の定義規定があり、さらに、各種の手続にとって共通かつ重要な「期間の計算」（特3条）などが規定されているからである。

なお、パンデクテン方式の言葉は、このような法典編纂の考え方が、19世紀のドイツの主流だった「パンデクテン法学」と呼ばれた体系や形式論理を重視する「概念法学」の影響を受けていることに由来する。

第 5 章

民法

（1）民法とは

　民法は、私人の市民生活に関する法律であり、社会の基礎である市民生活に秩序を与えることを目的とする私法である。

　市民生活は、衣食住などの生活関係と夫婦親子などの身分関係を基礎に成り立っている。そのため民法は、衣食住に関連する財産法と夫婦親子などの身分に関連する家族法との部分に大別することができる。

　特許権などの産業財産権は、一つの財産であり、そのため民法の財産法の部分と特に密接な関係がある。なお、一般市民の財産関係は民法と関連するが、会社などの商取引には民法の特別法である商法や会社法も適用される。現代社会において、産業財産権は会社経営の有力な武器となっており、その意味では産業財産権の財産としての取扱いについては、民法でなく商法や会社法の適用される場面があることにも注意する必要がある。

（2）民法の基本三原則

① 権利能力平等の原則

　全ての自然人（本書53頁参照）は、等しく権利・義務の主体になることのできる資格（権利能力）を有するという原則である。

　人間の一人一人が、職業、年齢、性別等によって差別されることがないという平等主義（憲14条[*]）の一つの現れであり、個人の尊厳（憲13条[*]）の理念に合致する原則であるといえよう。

　なお、権利能力の内容については、「権利の主体」の項（本書53頁）で詳しく説明する。

② 所有権絶対の原則（私有財産制度）

　財産の所有者は所有物を自己の自由な意思に基づいて自由に処分できるという原則である。この原則の根拠の一つが、憲法29条1項[*]である。本条には「財産権は、これを侵してはならない」と規定されている。

　これは、国民が現に有している具体的な財産の権利を保障するとともに、国が財産を保有するという社会主義体制を否定し、私有財産制を保障したものと解されている。

　また、民法206条[*]には「所有者は……自由にその所有物の使用、収益及び処分をする権利を有する」と規定されている。これらにより、所有権絶対の原則が導かれ、この原則は人々の資本投下を円滑にし、資本主義経済体制の発展の基礎を築いたといわれている。

　しかし、所有権を絶対的なものとした場合であっても法の目的である「人類の発展」や「社会秩序の維持」に反することはできない。そのため、民法では、その趣旨を1条[*]の各項に表している。

　なお、本条は内容が法目的に直結しているという重要性から、所有権に限定せず、私権一般に拡大して規定している。したがって、これらは産業財産権にも適用される。

（ i ）「私権は、公共の福祉に適合しなければならない」（民1条1項[*]）

　ここでいう「公共の福祉」とは、第1章で述べた法の究極目的、すなわち人類の発展（国民の発展）とほぼ同義と考えてよいであろう。

そして、「適合しなければならない」というのは、私権の内容とその行使は人類の発展と調和するものでなければならず、それに違反する場合は私権の効力が認められないことを意味する。

（ii）「権利の行使及び義務の履行は、信義に従い誠実に行わなければならない」（民１条２項）*

　一般に「信義誠実の原則」又は「信義則」と呼ばれているものであり、社会の秩序維持のためには互いに相手方の信頼を裏切らないように誠意をもって行動しなければならないという意味である。従来、主として契約の当事者間で妥当する債権法の原則であったが、現在では広く社会的な接触関係に立つ者同士の間に適用されている。

　この原則の一つの現れ（派生）といえるものとして、**禁反言の原則**（エストッペル estoppel）がある。これは元々、英米法上の原則であり、自らの言動によってある事実の存在を相手に信じさせた者は、相手方がそれを信じて行動した場合、その者に対して当該事実の不存在を主張できないとする原則をいう。

　産業財産権法では、出願書類（包袋）禁反言の原則が有名である。これは、例えば審査過程で出願人が審査官に意見書として自己の創作の特徴部分を述べたような場合に（出願経過の資料として第三者も閲覧できるようになる。）、後の侵害訴訟においてそれと矛盾した主張をすること（例えば意見書の主張を翻して特徴ではないと主張すること。）は許されないというものである。

（iii）「権利の濫用は、これを許さない」（民１条３項）*

　外形的には権利の行使のように見えるものであっても、実体が「人類の発展」や「社会秩序の維持」という法の一般目的に反する場合は、これを認めないという趣旨である。具体的には、権利本来の効果が認められないのみならず、権利濫用者は不法行為に基づく損害賠償義務（民709条）*をも負担すると解されている。

　産業財産権でこの法理が適用された事件としては、いわゆるキルビー事件が有名であり、「特許に無効理由が存在することが明らかであるときは、その特許権に基づく差止め、損害賠償等の請求は、特段の事情がない限り、権利の濫用に当たり許されない」と判示された（最判平12年4月11日民集第54巻4号1368頁）。

③　私的自治の原則（契約自由の原則、過失責任の原則）

　私的自治の原則というのは、個人はその自由意思に基づいて自律的に法律関係を形成することができるという原則である。「国家は資本の利潤追求になるべく干渉しないで自由放任することが、最善の国富増進策である」という自由放任主義[1]の理念に合致するものであり、資本主義経済の法的基盤ともなったものである。

　これにより、市民社会における権利や義務の形成活動については、個人の自治、すなわち自らの「意思」に放任することになるが、一方では自らの「意思」によらないで権利や義務を負うことはないという意味を包含する。

　この2つの側面について特に前者を「法律行為自由の原則」又は法律行為（本書59頁参照）の中でも最も重要な契約を取り上げることから「**契約自由の原則**」、後者を自らの「意思」に基づかない行動（故意でも過失でもない行動）については責任を負わないという意味で「**過失責任の原則**」と呼ぶ。

（i）　契約自由の原則（法律行為自由の原則）

　契約自由の原則は、個人の意思を尊重する趣旨から、契約を締結するか否か（契約締結）の自由、誰と契約を締結するか（相手方選択）の自由、契約内容をどうするか（内容決定）の自由、契約の形式をどうするか（方式決定）の自由[2]の全てを包含する。

---

(1)　英国の社会学者アダム・スミス（Adam Smith 1723-1790）の考え方。「生産労働こそが富の源泉であってそれは利己心の発動によって最大の効果を生む」というもの。

産業財産権法では、通常実施権（特78条）が契約によって発生するため、この原則が適用される。したがって、通常実施権を締結するか、内容をどうするかなどは原則として全て当事者の意思に委ねられることになる。

　通常実施権について規定する特許法78条には「その特許権について」とあることから、特許を受ける以前、すなわち出願中の権利については実施の許諾ができないかのようにも読めるが、実施許諾契約の締結は可能であり、特にこれを禁ずる必要性もないため、出願中の権利についても実施許諾できると解すべきである。

　ただし、この場合、文理上の理由からも特許法のいう「通常実施権」と同じであるとはいえず、登録をすることもできない。

　なお、注意しなければならないのが、私的自治の原則といえども「社会秩序の維持」という法の目的に反してはならないという点である。すなわち、公序良俗に反する契約（法律行為）や強行法規に反する契約（法律行為）はともに無効とされる（民90条*・91条）。この点については「法律行為」の項（本書59頁）で説明する。

（ii）過失責任の原則

　過失責任の原則は、自己に故意や過失がなければ活動の結果として損害が発生しても責任を負わないという点で、自由な経済的活動を保障し、取引の活発化を呼んで資本主義経済の発展に寄与したといわれている。この原則は、民法709条*（不法行為責任）において規定されている（本書88頁参照）。

---

(2) 契約は、契約書の作成を待たずに互いの意思が合致した時点で成立する（このように当事者の意思表示の合致のみで成立する契約を諾成契約という。）。しかし、後に契約の成立が裁判で争われたときに口頭による契約ではその立証が困難なことから、書面で契約されることが一般的である。なお、諾成契約が原則であり、ほとんどの契約が諾成契約ではあるが、要物契約といって、契約の成立のために目的物の授受が必要な契約（例：手付契約）も一部にはある。

（ⅲ）　私的自治の原則の修正

　私的自治の原則は、市民生活の市民間の規律である以上、個人が対等であることを当然の前提としていた。しかし、資本主義の発展の結果、大企業である製造者と個人消費者のように市民生活の中においても強者と弱者のごとき、決して対等とはいえない関係が生じた。

　例えば契約自由の原則に従えば、当事者間の契約内容は当事者の意思によって自由に決定できるはずである。しかし、大企業であるガス会社と個人とのガス供給契約のような場合、価格決定の交渉はできず、大企業の定めた料金に従わざるを得ない。

　一方、過失責任の原則に従うと、大企業の活動の結果として個人に損害が発生した場合でも、被害者である個人が加害者である大企業の故意や過失を調査・追及することが必要となり、被害者の救済という点で不十分である。

　このような社会の流れに対応して、大企業と個人のごとき強者と弱者の実質的な公平を図る見地から（憲14条*）、私的自治の本原則も修正を迫られている。例えば契約自由の原則に対しては、法律に定めた条件以外の契約を結べないようにしたり、過失責任の原則に対しては、過失の立証責任（本書88頁参照）を加害者の側に転換する「**中間的責任**」[3]や過失の有無を問わず加害者の責任を認める「**無過失責任**」の規定を設けたりする法律が多くなってきている[4]。

　産業財産権法では、産業財産権の侵害に対して侵害者の過失を推定する（特103条等）。これは、産業財産権の内容は公報などにより公示されていることから、同業者に注意義務を課すべく立証責任を転換したものである。いわゆる中間的責任であり、権利者と侵害者の実質的な公平を図る趣旨である。

---

(3)「過失責任」という原則と「無過失責任」という例外の「中間」にあるものとしてこの名で呼ばれている。
(4)　例えば製造物責任法（平成6年法律第85号）では、製造物の「欠陥」による権利侵害は、故意や過失の存否を問わずに賠償責任を負う旨を規定している（同法3条）。

（3）権利の主体

　民法上、権利の主体となるのは権利能力を有する者である。「権利能力」とは、上述のように権利・義務の主体になることのできる資格をいう。民法上、権利能力を有するのは「人」であり、自然人と法人の2種類である。

① 権利能力
（ⅰ）自然人の権利能力

　自然人（「法人」と区別するための概念であり、生身の人間の意味）が権利能力を取得するのは「出生」したときである（民3条1項[*]）。これは、身分や地位にかかわらず出生のみによって取得できるという点で上述した権利能力平等の原則を表している。しかし、この平等はあくまで日本国民の話であり、外国人については「外国人は、法令又は条約の規定により禁止される場合を除き、私権を享有する」（民3条2項[*]）とされ、「法令又は条約」による制限が認められている。

　これに対応して、特許法25条は、外国人については一定の例外を除いて「権利を享有することができない」と規定している。これは、産業政策的見地で設けられたものと考えられる。

　しかし、実際問題としては、世界の主要国の加盟しているパリ条約に我が国も加盟しており、その条約で内国民待遇の原則（パリ2条）がとられているので、本条の3号により大部分の外国人に権利能力が認められることになり、大きな問題はないものと考えられる。

（ⅱ）法人の権利能力

　法人とは、法律によって権利能力を認められた団体をいう。法人に権利能力を認めるのは、ある種の団体は自然人と同じように社会的に実在して活動していることを根拠とするのが通説である。

　このような法人の最も身近なものが営利法人の一つである「株式会社」である。法人に権利能力を認めれば、会社と取引契約をしようとする者は会社の名義で契約を締結すれば足りることになる。しかし、仮に法人に権利能力が認められないとその会社の構成員（自然人）全員と契約を結ばなければならず、契約手続が煩雑になってしまう。

　法人は、法律の規定によらなければ成立させることができず（民33条[*]）、法人の権利能力は法令と法人の設立の目的によって制限される（民34条[*]）。

　ここで問題となるのが、団体として活動していながら法律の規定によって設立していないか、あるいは設立できない団体、すなわち「権利能力なき社団」（例えば○×学会、○×町内会）である。

　かかる団体は法律上の権利能力を有しないため、団体の名義で権利を保有することができないことが建前となっている。しかしながら、現実にはこのような団体であっても「社会活動を営み取引界にも登場している事実も見過ごし得ない」[5]。そのため、一定の場合には法人に近い能力が認められている（例えば民訴29条[*]）。

　産業財産権法においても、「法人でない社団」について一定の手続能力を与えている（特6条）。

　「権利能力なき社団」に該当するためには、「団体としての組織をそなえ、多数決の原則が行われ、構成員の変更にもかかわらず団体自体は存続し、代表の方法、総会の運営、財産の管理その他団体としての主要な点が確定していなければならない」とするのが判例（最判昭39年10月15日民集18巻8号1671頁）であり、おおむねこの産業財産権法における「法人でない社団」（特6条）の要件に合致するものを指すと思われる。

---

(5) 特許庁・逐条解説特6条［趣旨］参照

② 行為能力

　私的自治の原則は、市民社会の活動を個人の意思に委ねるが、その意思は、自分の利益・不利益の判断能力が備わっていることを前提とする。そもそも私的自治の原則は、自己責任の原則ともいわれ、自分の意思に基づかない行動に対して責任を負わない半面（過失責任の原則）、自分の意思でなした行動には責任を負わなければならないという意味を包含する。したがって、自分の行動の結果を弁識するに足るだけの能力（これを講学上「意思能力」という。）がない者（例えば幼児）がした行動に対してその者に責任を負わせるべきではない。そのため、意思能力がない者がした法律行為（「契約」が典型）については、法律上、効力を有しないものと考えられている（判例・通説）。

　行為能力とは、単独で確定的に法律行為をできる能力をいう。判断能力の十分でない者（例えば精神障害者や未成年者等）でも単独で確定的に法律行為ができるとしてしまうと、自分に不利な内容をよく理解しないままに契約してしまうなど、本人にとって利益にならない場合が多い（相続により取得した100万円相当の価値のある特許権を他人からの希望を受けて１万円で譲渡してしまうなど。）。そこで、このような判断能力の十分でない者（行為能力のない者）を保護する制度が要請される。このような者をあらかじめ定型化・類型化しておく制度があれば、本人にとっては取引相手に対して判断能力が十分でないという立証が容易となってその保護になる。

　他方、相手方も判断能力の調査が容易となり、後で契約の効力が否定されるなどの不測の不利益を被ることがなく取引の安全につながる。そのため、民法では、このような判断能力の十分でない者を定型化・類型化する**制限行為能力者**（従来、**行為無能力者**と呼んでいたものを差別的であるという理由で改めた。）の制度を採用している。

　制限行為能力者には、成年被後見人、被保佐人、被補助人、未成年者の四類型がある。このうち、未成年者を除く前三者の成年に関する制度を特に**成年後見制度**という。

　成年後見制度は、成年者で判断能力が十分でない者の自己決定をできる限り尊重しつつ、他方で本人保護をも達成しようとするものである。成年後見制度の概要は以下のとおりである。

（ⅰ）後見

　後見は精神上の障害により判断能力を欠く常況にある者を対象とし（民7条[*]）、家庭裁判所の「後見開始の審判」とともに「成年被後見人」のために「成年後見人」が選任される。成年後見人は広範な代理権・取消権を付与されるが、自己決定の尊重の観点から、日用品の購入その他日常生活に関する行為は本人の判断に委ねられ、取消権の対象から除外されている（民9条[*]）。

（ⅱ）保佐

　保佐は精神上の障害により判断能力が著しく不十分な者を対象とし（民11条[*]）、家庭裁判所の「保佐開始の審判」とともに「被保佐人」のために「保佐人」が選任される。保佐人は同意権の対象行為について取消権を有する。

（ⅲ）補助

　補助は、精神上の障害（痴呆、知的障害、精神障害、自閉症等）により判断能力（事理弁識能力）が不十分な者のうち、後見、保佐の程度に至らない軽度の状態にある者を対象とする（民15条1項[*]）。家庭裁判所の「補助開始の審判」とともに「被補助人」のために「補助人」が選任される。当事者が申立てにより選択した「特定の法律行為」について、審判により補助人に代理権又は同意権・取消権の一方又は双方が付与される（民876条の9第1項[*]）。自己決定の尊重の観点から、本人の申立て又は同意を審判の要件とする。

　なお、後見人、保佐人、補助人のいずれにあってもこれらの者の権限濫用を防止するため、それぞれ後見監督人、保佐監督人、補助監督人を申し立て、あるいは家庭裁判所の職権で選任することができる（民849条等）。

以上のような法的な制度（法定後見という。）以外に、**任意後見制度**というものもある（「任意後見契約に関する法律」という特別法に定められている。）。任意後見制度は、原則として、精神上の障害により判断能力が低下した場合に備えて、本人があらかじめ契約を締結して任意後見人となるべき者及びその権限の内容を定め、本人の能力が低下した場合に家庭裁判所が任意後見人を監督する任意後見監督人を選任し、契約の効力を生じさせることにより本人を保護するというものである。

家庭裁判所が任意後見契約の効力を生じさせることができるのは、本人の判断能力が、法定後見でいえば少なくとも補助に該当する程度以上に不十分な場合である。任意後見人には、契約で定められた代理権のみが与えられる。任意後見においても、本人の自己決定を尊重する観点から、契約の効力を生じさせるに当たって、本人の申立て又は同意が要件となる。

③ 代理

代理とは、他人のなした法律行為の効果が直接本人に生ずる制度をいう。代理の制度を理解するために、産業財産権の実施を第三者に許諾するライセンス契約について、代理人に依頼する場合を想定して考えてみる。

まず、あるデザインについて意匠権を取得した甲が、代理人である乙に対して丙へのライセンス契約を依頼した場合、乙が締結した契約は、乙が当事者となるのではなく、甲が当事者として扱われる。すなわち、契約によって生ずる法的効果、例えばライセンス料を請求する権利などの法律効果は直接甲に生じ、代理人の乙がライセンス料を請求する権利を得るわけではない。

このような効果を生ずる代理制度の存在意義の一つは、制限能力者に代わって、意思能力のある代理人が、契約などを結ぶという、**私的自治の原則を補充する機能**にある。そして、2つ目が、1人の人間が法的活動をする場合には時間的・物理的制約があるため、他人に代わって活動をしてもらうことにより自己の活動範囲を拡大するという、私的自治の拡張機能である。

　なお、代理には、本人の意思に基づく任意代理（委任契約に基づくものが代表的）と本人の意思に基づかない法定代理（未成年者の親権者など）の2種類がある。

（4）権利の客体

　民法上で権利の客体になるのは、「物」（物権の客体）と「人の行為」（債権の客体）である。このうち「物」については、「この法律において『物』とは、有体物をいう」（民85条*）と規定されている。

　この「有体物」という概念は、通常、無体物に対するものであるため、ここに抽象的な技術思想である発明などの無体物が含まれると解釈するのは困難である（本書67頁参照）。

　なお、「物」については、通常、以下のように分類される。

① 不動産と動産

　不動産とは土地及びその定着物をいい（民86条1項*）、動産とはそれら以外の「物」をいう（民86条2項*）。

　意匠法の「物品」（意2条1項）の概念は、通常は動産を指すものと解されている。したがって、不動産は原則として意匠法における「物品」の概念には入らないと解するのが通説である。

② 主物と従物

　「物」の中には、例えば船とオールのように互いに独立した「物」でありながら、客観的・経済的に他方の「物」の効用を助ける関係にあるものがある。この場合に、船を主物、オールを従物という。両者は、「従物は、主物の処分に従う」（民87条2項*）という関係にある。これは、両者が社会的・経済的な結合関係を有することを尊重し、法的運命をともにさせることが望ましいとされたからである。

③ 元物と果実

元物は、収益を生ずる元たる物をいい、その収益を果実という。

例えばミカンの木を元物とした場合、ミカンは果実であり、マンションを元物とした場合、その家賃が果実である。この例のうち、前者のように自然に収取できるものを天然果実といい、後者のように「物の使用の対価として」収取されるものを法定果実という（民88条*）。これらは、果実の生成中に元物の所有権の移転等があった場合の取扱いにおいて差異がある。

すなわち、天然果実の生成中に所有権を移転した場合は、元物から分離していない果実は新しい所有者のものとなる（民89条1項*）。一方、法定果実の場合は、果実を収取する権利の存続期間に応じて日割計算で移転前後の権利者間で分属させることになる（民89条2項*）。

例えば商標権（元物に相当）の移転が行われた場合に、当該商標の使用料（果実に相当）を支払っていた通常使用権者がいたようなときに、当事者間で特別な取決めがない限り、その使用料の帰属についてこの規定が準用されると考えられる。

（5）法律行為

① 法律行為

権利の主体と客体を結び付けるのが「法律行為」という概念である。これを抽象的に定義すれば、「一定の効果を意図（意思表示）してなす行為であって、その意図どおりの法律効果（権利・義務の変動）の発生に国家が助力するもの」ということができる。

個人の自由意思に基づいて自律的に法律関係を形成させるという私的自治の原則の現れである。

具体的には、「契約」がその典型である。例えば発明Aについて特許権を有する甲とその発明を使って新製品を作りたい乙との契約であれば、「特許発明Aを実施させてほしいという乙の意思表示（これを「申込み」という。)」

と「特許発明Aを乙に実施させたいという甲の意思表示（これを「承諾」という。）」に基づいて、その意図どおり実施権という権利が発生するような場合である。これらの「申込み」も「承諾」も要素は「意思表示」であり、我が国の民法はこの「意思表示」を中心に構成されているといえる。

なお、法律効果の発生に、このような意思表示を必要としない事実行為を準法律行為といい、法律行為と区別される。

② 意思表示

意思表示は、次の過程を経て成立するものと考えられる。前述した具体例を踏まえれば、動機（甲の発明Aを使った新製品なら売れるであろう。）→内心の効果意思（Aを実施させてほしい。）→表示意思（Aを実施したい旨を甲に伝えよう。）→表示行為（書面又は口頭で甲にその旨を連絡する。）という過程である。問題は、これらの過程で不一致が生じた場合の処理である。

例えば乙は甲に対して発明Aを実施させてほしいという効果意思を持っていたにもかかわらず、不注意にも書面で発明Bを実施させてほしいという表示行為をして契約してしまったとする。これは、効果意思と表示行為に不一致が生じており、「錯誤」の問題となる。「錯誤」とは、内心の効果意思と表示行為の不一致を表意者が知らないことをいい、法律行為は原則として有効であるが、その錯誤が重要なものであるときは、その意思表示を取り消す[6]ことができるとされている（民95条[*]）。

他方、発明Aを実施させてほしかったにもかかわらず、冗談のつもりで書面に意匠Bを実施させてほしいという表示行為を行った場合は、「心裡留保」と呼ばれ、この場合にも原則として有効となり、甲が乙の内心と違うことを知っていた場合や通常の注意を払えば知り得た場合には無効[7]とされる（民93条[*]）。

---

(6) 取り消されるまでは有効で、取り消されると遡及して効力を失うこと。
(7) 始めから効力を生じないこと。

point解説

弁理士制度

　知的財産権は、無体財産権とも呼ばれ、権利の対象が無体であることから権利範囲の判断が難しいのみならず、知的財産制度自体が相互に交錯する領域（特に意匠と商標には産業財産権法のみならず不正競争防止法による保護もある。また、意匠であっても著作権法上の保護を受ける場合がある等。）が存在するなど、一般人にはその全容を理解するのが極めて困難である。このような知的財産権全般に関する相談、鑑定、契約書の作成、仲裁制度などによる紛争解決、そして産業財産権を取得するための手続の代理等について、その専門的知識を利用して職業として行う者が弁理士である。

　弁理士は、他人の求めに応じ、特許、実用新案、意匠若しくは商標又は国際出願若しくは国際登録出願に関する特許庁における手続及び特許、実用新案、意匠又は商標に関する異議申立て又は裁定に関する経済産業大臣に対する手続についての代理並びにこれらの手続に係る事項に関する鑑定その他の事務を行うことを業とする。

　また、他人の求めに応じ、例えば次に掲げるような事務を行うことも業務範囲となっている。すなわち税関長に対する手続等についての代理、特許等の仲裁事件の手続についての代理及びこれらに関する相談、更には技術上の秘密若しくは技術上のデータ等の売買契約の代理及びこれらに関する相談、通常実施権の許諾に関する契約締結の代理及びこれらに関する相談、外国の行政官庁又はこれに準ずる機関に対する特許等又は植物の新品種、地理的表示に関する資料の作成その他の事務等、標準規格に関する相談等である（弁4条*）。

　また、弁理士は、いわゆる審決取消訴訟（特178条等）に関しては訴訟代理人となることができ（弁6条*）、さらに、一定条件下で侵害訴訟に関しても弁護士と共に訴訟代理人となることができる（弁6条の2）。

　以上のように、産業財産権法だけでなく、不正競争防止法や著作権法の領域も業務範囲として法律上明記されている国家資格の弁理士は、正に公的な知的財産権のプロフェッショナルといえる。

　一方、相手方と通謀して内心の効果意思と異なる意思表示をすることを「虚偽表示」といい、このような場合には、国家がその効果の実現を助力する必要はないため無効とされる（民94条*）。

　また、「詐欺」（欺罔行為によって錯誤に陥れて意思表示をさせること。）や、「強迫」（恐怖心を与えて意思表示をさせること）に基づく意思表示は取り消すことができる（民96条*）。

　なお、産業財産権法における審判においても「無効」と「取消し」という用語が用いられているが、その意味がこの民法の概念と一致していない点に注意する必要がある。例えば商標法に規定する取消審判（商50条等）は、取り消されると将来に向かってのみ権利が消滅し、遡及して消滅するものではない（商54条）。

③ 強行法規と公序良俗

　私的自治の原則によって、個人の自由意思に基づいて自律的に法律関係を形成できるとしても「社会秩序の維持」という法一般の目的に反してはならないことは前述したとおりである。

　この点について明らかにしているのが民法90条*と91条*である。90条*は「公の秩序又は善良の風俗に反する法律行為は、無効とする」と定めている。ここでいう「公の秩序」は国家社会の一般的利益を指し、「善良の風俗」とは一般的道徳観念を指すといわれるが、明確に区別する基準はなく、両者を合わせて「公序良俗」という。

　公序良俗に反する場合として、具体的には、人倫に反したり、正義の観念に反する契約などが挙げられる。一方、91条*は「法律行為の当事者が法令中の公の秩序に関しない規定と異なる意思を表示したときは、その意思に従う」と規定する。ここでいう「法令中の公の秩序に関しない規定」を任意法規（任意規定ともいう。）といい、それ以外の「公の秩序」に関する規定を強行法規（強行規定ともいう。）と呼ぶ。

　当事者の「意思」であっても、それが強行法規に反する場合にはそのような契約等は許されない。強行法規は、当事者の意思と無関係に当然に適用されるという性質を有する。

強行法規か任意法規かは、「公の秩序」、すなわち「秩序維持」という法の一般目的に反するか否かという観点から判断する必要があるが、法の文言から任意法規であることが明確なものもある。

　例えば特許法73条2項は、「特許権が共有に係るときは、各共有者は、契約で別段の定をした場合を除き、他の共有者の同意を得ないでその特許発明の実施をすることができる」と規定しており、法の原則としては自由実施としていながら、「契約で別段の定をした場合を除き」と規定することにより、当事者の意思を優先する建前をとっている。したがって、この規定は任意法規である。

　他方、近年の裁判例においては、特許法35条の職務発明について従業者が「相当の対価の支払を受ける権利を有する」という規定を強行法規と判示したものが複数見られる。

　すなわち、職務発明の対価の額について低い額で合意していたとしても契約や勤務規則等の定めにおいて対価として従業者が受けるべき金額を制限する条項を設けていたとしても無効であるとしたものである[8]。

（6）時効と除斥期間

① 時効

（ⅰ）時効制度の存在理由

　「権利の上に眠れる者は保護を受けるに値しない」という有名な法格言がある。これは、法が「権利」を認めていても長期間それを行使しなかった場合には保護を受けることができなくなるということを意味する。このことは、権利でさえも「社会の秩序維持」という法目的の前には後退することを示している。

---

(8) オリンパス事件東京高裁判決（2001年5月22日）等。なお、本件の上告審の最高裁（2003年4月22日）は「強行法規」という明言はしていない。

　すなわち、権利を有しているにもかかわらず、行使することなく一定の期間が過ぎると、その権利に関する事実関係を立証する資料が散逸してしまう。さらに、一定の事実状態の上に様々な法律関係が築き上げられてしまうため、今の時点で権利主張を認めると法的安定性を害し、「社会の秩序」を動揺させることになる。

　したがって、そのような継続した事実状態は尊重されるべきである。これが時効制度の趣旨である。

　時効には、大別して取得時効と消滅時効の2種類がある。**取得時効**は、一定期間経過後に権利を取得する時効であり、**消滅時効**は、一定期間経過後に権利が消滅する時効である。

　具体的な事例として、例えば特許権を侵害した者に対し、損害賠償を請求する権利(9)を有する特許権者が侵害の事実を知りながら黙認して権利を行使していなかったが、侵害行為が終わって30年後になってから賠償金を支払えと突如として権利を行使したような場合を考えると分かりやすい。

　このような者には、法は「権利の上に眠れる者」として保護を与えないため、原則として賠償金を取ることはできない。

　なお、時効の利益を享受するためには、当事者による「時効の援用」が必要とされる（民145条）。「時効の援用」とは、時効によって利益を受ける者が時効の利益を受ける意思表示をすることをいう。

（ⅱ）時効の中断

　時効が認められるためには、ある事実状態が一定の期間継続することを要するが、時効の進行中に一定の事由が発生すると、これまで経過した期間は無意味なものとなり（これを「中断」という。）、その事由がやんでから新たに時効が進行することとなっている。

---

(9) 損害賠償の請求権は原則として3年の時効によって消滅する（民724条）。

その事由とは、裁判上の請求（裁判所への訴えの提起）、差押え、仮差押え、仮処分、承認（債務の存在を知る旨を表示すること。）などである（民147条）。これらの行為により時効が中断することとなっているのは、いずれの行為も権利の存在を前提とする行動をとっており、継続した事実状態を否定するものだからである。

　なお、産業財産権を時効で取得したり、失ったりすることがあるかという問題があるが、時効という制度の趣旨について事実関係を立証する証拠の散逸を考慮して法的安定性を図った点を重視すれば、少なくとも登録によって発生し、権利の公示されている特許権、商標権については、時効による取得はもちろん、消滅もあり得ないと考えられる。ただし、実施権や使用権は必ずしも公示手段がなく、更に検討を要する。

② 除斥期間

　除斥期間とは、法が一定期間に権利行使を制限したその期間をいう。除斥期間は、権利の行使を一定期間に制限する制度である点で時効制度と共通するが、中断ということがなく当事者の援用と無関係な点で時効と異なる。

　除斥期間は、時効制度と趣旨が若干異なり、一定の権利について権利関係を速やかに確定しようとするものである。

　産業財産権法では商標法47条に除斥期間の規定がある。従来、特許法、実用新案法、意匠法にも除斥期間の規定が存在したが、現在では商標法にのみ規定が残っている。

　特許などにおける瑕疵ある権利（例えば公知の技術に権利が付与された場合。）は、第三者の事業活動を著しく阻害する可能性が高いが、商標の場合は、瑕疵ある権利を存続させる弊害（第三者の商標選択の余地が狭められる等。）よりも長年の使用により化体した業務上の信用の保護を剥奪する弊害のほうが大きいと考えられたからであろう。

（7）物権と債権

　上述した権利の客体のうち、「物」を客体とする権利を「物権」といい、「人の行為」を客体とする権利を「債権」という。

① 物権
（i）物権とは

　物権とは「**物**」に対する**直接の支配権**をいう。憲法は財産権を不可侵として保障するが（憲29条1項[*]）、この趣旨を全うするためには、財産権の主たる客体となる「物」に対する支配を認めることが必要になる。それがこの物権という支配権である。

　このように「物」に対する直接支配性を認める結果、一旦、物権が成立すると重ねて物権が成立することを妨げるという「排他性」を有することになる。また、この支配性についてはいかなる者に対しても主張できる。その意味において「絶対権」である。

　産業財産権は、物権そのものではないにしても差止請求を認める（特100条等）など「物権的権利」として法定されているため、その限りでは民法の物権に関する規定の類推適用が一定範囲で認められよう。

（ii）物権の効力

　物権は、「物」に対する直接の支配権であるという性質から、第一に物権と債権とでは物権が優先し（本書75頁参照）、物権と物権では先に成立したものが優先するという効力を持つ（物権の優先的効力）。第二に、物権には物権的請求権が認められる。**物権的請求権**とは、物権に対する妨害の予防・除去を請求することができる権利をいう。明文の規定はないが、自力救済が禁止されている民法の下で直接的支配を全うするために必要な権利として認められると解される。

この物権的請求権は、物権的返還請求権（盗難物の返還請求など）と物権的妨害排除請求権、及び将来侵害が発生するおそれのある場合に認められる物権的妨害予防請求権の３種類があると考えるのが通説・判例である。

この点、産業財産権の場合、物権的妨害排除請求権と物権的妨害予防請求権に相当する差止請求が認められている（特100条等）。これが産業財産権が物権的権利といわれるゆえんでもある。もっとも、産業財産権には物権的返還請求権（取戻請求権ともいわれる。）が存在しない。この返還請求というのは物理的な占有が可能な有体物を前提にしており、産業財産権では観念できないからである。

ところで物権は強い効力を有するため、法律で定められた種類・内容のものに限り認められ、当事者の意思によって自由に物権を創設することはできない。これは、当事者の意思によって創設した物権を全て公示することは困難であり、物権は排他性があることから、公示がなければ、第三者が安心して取引できなくなるという不都合を生ずるからである。この原則を「**物権法定主義**」（民175条）という。

（iii） 物権の種類

民法は、所有権という最も基本的なものを始めとして質権、抵当権、占有権など10種類の物権を定めている。なお、民法以外の特別法で定められているものに工場財団抵当権などがある。所有権は、物を全面的に使用、収益、処分できる権利であって完全な支配権である（民206条）。また、所有権は永久権であって「物」自体が滅失しない限り永久に存続する。

産業財産権は、従来、「工業所有権」と呼ばれていた。そのため、「所有権」の一種と誤解される場合が多かった。しかし、民法上の「所有権」の対象は、「物」であり、「物」は有体物を指すことは前述したとおりであるため（民85条）、情報という「無体物」を対象とする権利に民法の物権の規定がそのまま適用になると考えるのは困難である。

　そのような背景もあり、「工業所有権」という名称に替えて、「産業財産権」という用語が使用されることとなった。

　所有権が全面的な支配権であるのに対し、支配権の一部分を対象とした権利を「制限物権」という。制限物権は、物を使用して収益を得る権能（使用価値）を内容とする「用益物権」〈地上権（民265条*）、永小作権（民270条*）、地役権（民280条*）〉と物の財産としての経済的価値（交換価値）の把握を内容とする「担保物権」〈留置権（民295条*）、先取特権（民303条*）、質権（民342条*）、抵当権（民369条*）〉に大別される。

　これらのうち、産業財産権法で問題となり得るのは担保物権であるが、これについては後述する〈第5章、（8）担保権②物的担保参照〉。しかし、専用実施権がときに「用益物権」、特に「地上権」に類似した権利と説明されることがあるため、この点について簡単に説明しておきたい。

　用益物権とは、前述したように物を使用して収益を得る権能を内容とする物権をいい、そのうち地上権とは、他人の土地において工作物又は竹木を所有するためその土地を使用する物権をいう（民265条*参照）。地上権の主な内容は次のとおりである。

　① 地上権者は、設定契約で定めた範囲で土地を独占排他的に使用する権利を認められ、その反射的効果として土地所有者も所有地を使用することができなくなる。② 地上権は、登記しておけば土地所有者が第三者に土地を譲渡しても、新所有者に対して対抗できる。③ 地上権者は、設定契約があると地上権を取得するとともに所有者に対して地上権の設定登記を請求する権利を取得する。④ 地上権者は、地上権を原則として自由に譲渡できる。⑤ 第三者が地上権の対象となる土地を侵害した場合には、物権として妨害排除請求や損害賠償請求ができる。

　これに対し、専用実施権（特許法を前提とする。）とは、設定行為で定めた範囲内において、業として特許発明を独占排他的に実施し得る権利をいう（特77条2項）。

先の地上権の内容と比較すると、設定契約で定められ、その範囲で特許権者も権利を制限される点（特68条ただし書）（前記①）、登録しておけば、新権利者にも対抗できる点（同）、設定契約における登録の明示又は黙示の合意に基づく登録請求権が認められると考えられる点（同③）、第三者が専用実施権を侵害すれば、差止請求（特100条）や損害賠償請求が認められる点（同⑤）においてかなりの程度で類似した内容を持っている。これが、専用実施権が、「用益物権」、特に「地上権」に類似した権利と説明（比喩）されることがある理由である。

　最後に占有権について説明する。所有権は現実に物を支配しているかどうかとは無関係に存在する言わばその意味で「観念」的な権利であるのに対し、占有権は現実に物を支配しているという「事実」に基づいて認められる権利である。占有権も社会の秩序維持のためには事実状態も保護する必要があると考えられたところから認められたものである。占有権の効力として他の物権と同様に占有回収の訴え（物権的返還請求権に相当）、占有保持の訴え（物権的妨害排除請求権に相当）、占有保全の訴え（物権的妨害予防請求権に相当）の３つ[10]がそれぞれ明文（民198条〜200条）で認められている。

　ここで産業財産権が「独占」排他権であるとされていることから、この文字面を見て占有権と産業財産権が何らかの関係があるという誤解が生じやすい。しかし、占有権はあくまでも現実に物を支配しているという「事実」（これを「所持」という。）に基づくものであり、産業財産権には物理的支配は観念できない。したがって、産業財産権と占有権は基本的には無関係である。

　もっとも、民法には205条に「準占有」という概念があり、現実に物を支配していなくても「自己のためにする意思をもって財産権の行使をする場合」にはこの占有権の規定が準用されるとしているため、この規定と産業財産権との関係は一応問題となる。

---

(10)「訴え」とあるが、あくまでも実体法上の請求権である。

　この点、従来の民法学の本では産業財産権の権利行使（例えば発明の実施）をある意味で典型的な準占有の例として紹介していることが多かった。

　しかし、これでは厳密な審査の上に権利を発生させることとしている産業財産権法の基本思想との調和が図れないことなどから、知的財産法学の世界では産業財産権に準占有は認められないという見解のほうがむしろ有力である。

（ⅳ）物権公示の原則

　物権は、排他性を有し、同一物の上に同一内容の物権の成立は許されない。そのため、物権の変動に際しては外界から認識し得る何らかの識別手段を伴う必要がある。この原則を「公示の原則」という。頻繁に取引され、登記簿のような公示手段をとることが困難な動産物権の取引については「引渡し」をもって公示手段とし、一般に動産よりも価値が著しく大きい不動産物権については「登記」を公示の方法としている（民177条[*]・178条[*]）。

　産業財産権も物権的な権利であり、同一内容の創作上に同一内容の権利の成立は許されない。しかし、無体物であるという特殊性ゆえ、動産のように事実上の占有ということが観念できないため当然のことながら「引渡し」によっては公示することができない。そこで、産業財産権法では、権利関係を明確にする趣旨から産業財産権に関する変動（権利の発生、変更、消滅等）を「登録」に係らしめるという方法を採用した（特66条1項・98条等）。

　なお、物権の変動に際して、「公示」を信頼した者を保護すべきという原則を「公信の原則」という。動産（例えばパソコンの売買）については公示が不完全であることから、その不十分性を補うべく、本原則が採用されている（民192条[*]）。

　したがって、動産取引において公示を信頼した者は保護されることになる。しかしながら、不動産の物権変動については公信の原則は採用されておらず、登記に公信力は与えられていない。

point解説

効力の発生と「対抗要件」

対抗要件とは、既に成立している不完全な権利関係について排他性を具備して完全な権利関係とするための要件をいう。これは具体的な事例で考えるほうが分かりやすい。

例えば甲から乙へある土地の所有権を譲渡する契約をした場合、権利主体の変動は「意思表示のみ」によって効力を生ずるため登記は必要がない。すなわち、甲と乙の権利関係は「意思表示のみ」によってその効力が発生し、その結果として乙が新しい所有者となる（民176条*）。

しかし、甲から乙への譲渡契約をしたにもかかわらず、甲が丙へも同様の譲渡契約を締結した場合（いわゆる「二重譲渡」の問題）、乙と丙とでどちらがその土地の所有権を取得するかは問題である。

この点について、民法では「登記をしなければ、『第三者に対抗することができない』」（民177条*）と規定した。これは意思表示のみによって不完全ながらも権利変動の効果は生ずるが、登記をしなければ完全に排他性ある効果は生じないということを意味すると解される（不完全物権変動説）。したがって、甲から乙への譲渡契約の締結後であっても登録をするまでの間は甲は完全な無権利者とはいえず、甲の元に残っている不完全な権利によって更に丙に譲渡することも可能である。その結果、乙と丙はそれぞれ排他性のない不完全な物権を有しているが、いずれか先に登記を受けたほうが完全な物権を取得できると考える。

したがって、乙が先に譲渡契約を締結していた場合であっても丙が先に登記を受けたような場合、乙は登記を欠く以上、丙に対して土地の所有権を主張できないことになる。

なお、乙は甲に対して譲渡契約の不履行を理由に損害賠償等の請求を行うことはできる（本書77頁参照）。

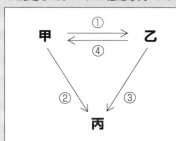

① 譲渡契約
② 譲渡契約＋登記
③ 主張不可
④ 債務不履行の責任追及可

　この点、産業財産権の変動における登録についても同様であり、登録に公信力はない。

　例えばある特許権について、登録原簿によれば甲から乙への移転登録がなされているように見えるが、実際は何らの実質的な譲渡行為がなされていなかった場合において、乙から丙が当該特許権の譲渡を受ける契約をしたとしても、丙は有効に特許権を譲り受けたことにはならないのが原則となる。

（ⅴ）共有

　「物」を共同で所有する形態には、学説上、大別して共有、合有、総有の3種類があると考えられている（合有、総有の文言は法律上にはない。）。

　「共有」とは、各人が独立した立場を有していることを前提とし、各人が自己の持分を自由に処分したり、目的物を分割したりし得る共同所有の形態をいう。すなわち、各共有者は、それぞれ所有権を有しており、物のどの部分に対しても権利を有しているが、他の共有者の権利によって制限を受けている。この制限された各人の所有権を「持分」という。

　「合有」とは、各人の間に団体的な結合関係があって、各人の持分の処分や分割が制限ないしは禁止される共同所有の形態をいう。

　「総有」とは、各人で一つの団体を構成し、持分の処分や分割が禁止される共同所有の形態をいう。

　一方、所有権以外の財産権を共同所有する場合に、これを「準共有」と呼び共有に関する規定が準用される。ただし、その財産権の共有に関して特別法があればその規定がまず適用になる（特別法優先）（民264条*）。その意味で、産業財産権は財産権であり、まず産業財産権法の共有に関する規定が適用され（特73条等）、その規定のない範囲については準共有として民法の規定が準用されることになる。

　ここでは、民法における「共有」の取扱いと産業財産権法の関係について概観しておく。

まず、共有の場合の持分の割合については、当事者の特別な取決め等がなければ相等しいものと推定される（民250条*）。この点については、産業財産権法に規定がないため本条が準用される。そして、各共有者は共有物の全部についてその持分に応じた使用をすることができる（民249条*）。この点、産業財産権法では持分に応ずることなく無制限に特許発明の実施ができるとしている（特73条2項）。また、持分権は原則として自由に譲渡したり、担保に供したりすることができると解されているが、産業財産権法では他の共有者の同意なくしてはその持分の譲渡、質権の設定をすることができないこととなっている（特73条3項）。

　また、民法上では、共有関係を終了し、単独所有とすることを求める意思表示である分割の請求ができることとなっている（民256条*）。これは、前述したように、各人が独立した立場を有していることを前提とするためである。これについて産業財産権法に規定はないが、現物分割（産業財産権自体の分割）が困難であるため、代金分割（産業財産権を競売して得た代金の分割）の請求が認められるとするのが通説である。

　なお、持分の放棄については、他の共有者の同意を要せず、権利を消滅させる旨の一方的な意思表示で足り、その場合その持分は他の共有者へ帰属することとなる（民255条*）。

　そして、共有物の管理に関する事項（共有物の利用方法など）については、各共有者の持分の価格に従ってその過半数をもって決することとされるが、「**保存行為**」（共有物の価値を維持する行為）については、各共有者ができることとされている（民252条*）。

　ここで、この「保存行為」の意義が問題となるが、産業財産権の準共有において、共有者の1人が単独で行う差止請求をこの「保存行為」の一つと考えるのが通説である[11]。

---

(11) 持分権に基づいて当然に妨害排除請求権（差止請求権）を持つと解すべき、という見解も有力である。

②　債権

（ⅰ）　債権とは

　債権は、「人の行為」を客体とする権利であり、特定の人に対して特定の行為（作為又は不作為）を請求する権利である。したがって、特定の相手方以外には主張できないため、物権が「絶対権」と呼ばれるのに対して、債権は「相対権」といわれる。なお、この債権に対応して特定の行為をしなければならない義務を債務という。

　物権と債権の相違点は、債権が直接の「支配権」ではなく、「排他性」を持たない点である。

　これは、物権は「物」を対象とするため支配性を認めても問題ないが、債権は「人」を対象とするため個人の尊重（憲13条*）という観点から支配性を認めることができないからである。したがって、債権は相手方の意思を待って実現される点で物権と相違し、内容的に重複する複数の債権も同時に成立し得る。

　例えば歌手の甲が、乙に対して12月24日にあるコンサートへの出演を約束していたにもかかわらず、丙に対しても同日、同時刻における別のコンサートへの出演を約束していたとき、乙と丙の両者は、甲に対して「出演を請求する」権利を重複して保有することになる。この場合、甲がいずれの債務を履行するか、又は履行しないかは甲の意思に委ねられる。

　なお、甲が1人である以上、同時に別の場所への出演は不可能であるから、甲はいずれか一方の債務を果たしてもいずれか一方の債務は履行できないこととなろう。この場合、甲は後述する債務不履行の責任を負うことになる（本書76頁参照）。

　産業財産権法では、通常実施権（商標法では通常使用権）が債権であるといわれる[12]。

---

[12] 特許権者という特定の人に対し「実施の容認」という不作為を請求する権利として捉え、債権であると考えるのが通説である。

すなわち、通常実施権は、通常実施権者（債権者）が特許権者（債務者）に対して自己の実施行為を訴追しない（不作為）ことを請求する権利と考えるのである。

（ⅱ）　債権の効力

　債権には、支配性がないため物権に認められている物権的請求権が認められない。また、排他性もないため既に述べたように、先に成立している債権があってもそれと矛盾するような権利の発生を阻止する効力もない。そこで、これを産業財産権法の例で考えてみる。

　例えば暖房器具の商標について商標権を持っている甲が、その商標について乙に北海道地区の範囲に限った通常使用権を許諾した場合（商31条）であっても、その後、全く同じ北海道地区の範囲について別人である丙に対してその商標の使用を許諾することが可能である。この場合、乙の有する債権は、甲以外には主張できず、当然、丙に対して商標の使用を中止するように求めることもできない。

　一方、この事例で、乙に専用使用権を設定していた場合、甲は丙に対して同一範囲での使用権の設定はできなくなる。これは、専用使用権は物権的権利として規定されているため（商30条2項）排他性を有するからである。

　ただし、乙に通常使用権を設定していたにもかかわらず、後になって丙に対して同一範囲で専用使用権を設定してしまった場合、丙の専用使用権に対して乙は通常使用権があることを原則として主張できなくなる[13]。

　このように債権と物権とが相いれないものとなったときには物権が優先することは既に述べたが（物権の優先的効力）、このことを法格言的に「売買は賃貸借を破る」というように表現することがある。これは、次のような事態を念頭に置いて表現したものである。

---

(13)　丙への専用使用権の設定登録よりも前に、乙が通常使用権を登録していた場合は主張できる（準用する特99条1項）。

　例えば建物所有の目的で甲所有の土地を賃借している乙がいた場合におい
て、土地の所有者である甲が第三者の丙にその土地の所有権を売り払ったと
する。このとき、甲に対する土地の賃借権という乙の債権と土地所有権とい
う丙の物権が衝突しており、この場合、乙は丙に対して自己の賃借権を主張
できなくなるということである[14]。

（ⅲ）　債務不履行と危険負担

　債務を負っている特定の者（債務者）が、その債務の内容のとおりの行為
（これを「履行」という。）をすれば、債権者も満足して特段の争いも生じず、
平穏に「社会秩序」は保たれる。

　しかし、現実には債務は必ずしも履行されるものではない。また、債務者
の「特定の行為」（履行）が全くなされない場合だけでなく、その行為が不
完全である場合もある。これらが、債務者の責めに帰すべき事由によるもの
である場合が「債務不履行」、それ以外の場合が「危険負担」の問題であ
る。

（a）　債務不履行

　債務不履行には、通常、３つの態様があるとされている。１つ目が、履行
の期限を徒過しており履行が可能であるにもかかわらず、履行されない状態
である「**履行遅滞**」、２つ目が、履行ができなくなってしまった状態である
「**履行不能**」、そして３つ目が、外見上は債務の履行がなされたが内容が不完
全な状態である「**不完全履行**」である。

　これらの事由が発生した場合には、債権者を保護するため一定の権利が債
権者に発生する。

---

(14) これは原則であって、このような場合、賃借人保護のため特別法が整備されてきて
　　おり（例えば「借地借家法」）、最近では「売買は賃貸借を破らない」場合のほうが多い
　　ともいわれる。

まず、いずれに対しても契約の場合は解除権が発生し（民542条）、債務者に帰責事由がある場合、履行遅滞に対しては遅延賠償請求権、履行不能に対しては損害賠償請求権（民415条）、不完全履行に対しては完全な履行の請求とその強制履行（民414条）等が可能になる。

　産業財産権法では、例えば意匠権者の甲が乙に独占的通常実施権（乙以外には実施権を許諾しない旨の特約を伴った通常実施権）を許諾した場合、甲は乙以外の者には実施を許諾しない不作為債務を負う。したがって、仮に甲がこの債務を履行しない場合、すなわち、第三者の丙に実施を許諾した場合などは、乙は甲に対して債務不履行の責任を追及することが可能となる。

(b) 危険負担

　債務不履行は原則として債務者の責めに帰すべき事由があることを前提とした。しかし、債務者の責めに帰すべき事由がないにもかかわらず、債務の履行ができなくなった場合、どのように解決すべきかは問題である。

　これを公平かつ「秩序の維持」という法の一般目的に合致するよう解決しようとするのが「危険負担」という考え方である。

　具体的に考えると、例えば甲が乙からあるソフトウエアを購入することを約し、その対価として乙に100万円を支払う契約を締結したとする。しかし、そのソフトウエアが甲に納品される前に、大地震が発生し、保管されていた倉庫が焼失して甲に納入できなくなった。この場合に、甲は乙に100万円を支払う必要があるのかどうかである。

　これについて我が国では、原則として債務者がその危険を負担するという考え方（**債務者主義**）をとっている（民536条）。したがって、この場合、乙が危険を負担することになり、乙は甲に対して100万円を請求することができず、結局、乙がソフトウエア消失の損失を１人で被ることとなる。

　しかしながら、民法では、特定物(15)の売買のときは**債権者主義**をとるとしている（民534条）。

　すなわち、前述の例でソフトウエアが現品限りであって、それを購入者甲も認識していた場合、契約の締結と同時に所有権が購入者である甲に移転しており（民176条*）、ソフトウエアの所有権を既に有していたのであるから危険も同時に買い取ったとみるのである。したがって、この場合、乙は甲に対し100万円を請求できることとなる。

　なお、この危険負担の債務者主義、債権者主義の規定は任意規定（本書62頁参照）であると考えられており、実務的には契約時に危険負担について特別の意思表示をすることが通常であろう。

（ⅳ）債権者代位権と詐害行為取消権（債権者取消権）

　債務者が債務を履行しない場合、債務者の全財産を引当とする強制執行を行うこととなろう。しかし、債務者が故意に自己の財産を増加させないようにしたり、むしろ減少させるなどの行為に出たりしたときに拱手傍観している以外にないとすれば、債権者の立場は非常に弱いものとなる。そこで、法は、債権者に債権者代位権と詐害行為取消権を認めた（民423条*・424条*）。

　例えば金融機関である甲から100万円を借りている乙が、甲へ100万円を返したくないために自己の唯一の財産である車を親戚の丙に贈与してしまったとする。この場合、甲はその贈与という乙の行為を取り消すよう裁判所に請求することができる。これが詐害行為取消権である。

　一方、金融機関である甲から100万円を借りている乙が、無資力であることを理由に甲への返却を拒んでいたとする。しかし、実際のところ、乙は丙に100万円を貸している（100万円の債権を持っている。）にもかかわらずそれを請求しないで放置している場合、甲は乙に代わって（代位して）丙に対

---

(15) 特定物とは、目的物の個性に着目して指定した物をいう。展示場で現物を見ながら中古車を買うときの指定した中古車などがこれに該当する。一方、これに対して、不特定物とは、目的物の個性を問わず、種類と数量だけを指定した物をいう。例えばジュース10本などと指定した場合である。

してその100万円を請求することができる。これが債権者代位権である。

　上述のように債権は原則として第三者に対して効力を有しないのに対し、以上２つの権利は、債権・債務の当事者以外の第三者にその効力を及ぼす点に着目し、「**債権の対外的効力**」と呼ばれる。

　これらのうち、債権者代位権は、本来債務者の財産の散逸を防止し、債務者の財産を確保することを主眼として認められたものと考えられる〈「自己の債権を保全するため」の文言（民423条[＊]参照〉。しかしながら、金銭債権以外の特定債権保全のためには、債務者の資産状態にかかわらずに転用が認められつつある。

　この点、産業財産権法において債権者代位権の転用の可能性が問題になるところは、独占的通常実施権（一般に、権利者と実施権者の間で他に実施許諾しない旨の特約をした通常実施権）に関してである。

　例えば特許権者が独占的通常実施権を許諾しているにもかかわらず、第三者が無権原で特許発明を実施し始めた場合において特許権者がそれを排除しないとき、独占的通常実施権者は特許権者に代位してその第三者に対し、差止請求することができるかという問題である。すなわち、特許権者は独占的通常実施権を許諾した時点で第三者の侵害排除義務という債務を負っていると考え、その債務者が自己の差止請求権という権利を行使しないでいることに対し、独占的実施権という債権を持っている通常実施権者（債権者）が特許権者（債務者）の差止請求権を代位して行使できるかということであり、これについては認める見解が通説である。

（ⅴ）分割債権と不可分債権

　分割債権とは、複数人で可分給付（分割して実現できる給付）を目的とする債権を有することをいい、不可分債権とは、複数人で一個の不可分給付（性質上不可分又は当事者の意思によって不可分の給付）を目的とする債権を有することをいう。

　例えば債権者が複数人いる場合（例えば甲・乙・丙）、債権者と債務者（例えば丁）とはどのような関係に立つのか（例えば丁は自己の債務を甲・乙・丙の誰に対してどの範囲で履行すればよいのか）が問題となる。この点について分割債権と不可分債権とでは取扱いが異なるために、この分類が必要になる。

　分割債権の例としては、商標権が売買された場合において、甲・乙・丙という譲渡人が丁という譲受人に対して300万円の代金債権を有する場合である。この場合、300万円は金銭債権であり分割して実現できる給付であるため、甲・乙・丙はそれぞれ100万円ずつの債権を丁に対して有することになる（民427条*）。

　一方、不可分債権の例としては、前述の例で、譲渡人が甲のみであり、譲受人が乙・丙・丁の3人であった場合における乙・丙・丁の商標権移転（商標権の譲受）を目的とする債権である。この場合、商標権は1つであり、性質上不可分の給付であるため、乙・丙・丁は各人単独で自己に商標権を移転すべきことを請求することができる（民428条*）。

　産業財産権法では、産業財産権（例えば特許権）が共有の場合において第三者が当該産業財産権を侵害したとき、権利者が第三者に対して損害賠償請求を各人単独でなし得るかという問題になる。この点、損害賠償請求権は金銭債権であるため分割債権であるという理由により、自己の持分に応じた損害額を請求できるという学説が有力である。

（ⅵ）債権の消滅

　債権は、その債務が履行されたとき、履行が不可能になったとき、履行の必要性がなくなったときに消滅する。

　民法は、債権の消滅原因として弁済、代物弁済、供託、相殺、更改、免除、混同を定めている（民474条*～520条*）。

　「弁済」とは、債務の履行をいい、特に金銭債務の弁済を「支払」という。

弁済は、債務者が債権者に対して弁済の提供をして債権者がこれを受領することによって完成する。

「代物弁済」とは、本来の給付の代わりに他の給付を行うことによって債権を消滅させる契約である。例えば甲の意匠権Aについて、乙が実施権の許諾を受けたときに、その実施料を支払わずにその代わりとして乙が自己の有する意匠権Bを甲に許諾することによって、その債権を消滅させる場合などである。

「供託」とは、債務者が弁済の目的物を債権者のために供託所に寄託して債務を免れる制度である。供託は、債権者が受領を拒絶する場合や受領が不可能な場合などに行うことができる。

産業財産権法においては、同様の制度として特許法88条に裁定の対価について供託の定めがある。これは、裁定の結果、通常実施権の設定がされるべき結論が出たにもかかわらず、特許権者の側がその対価などに納得がいかず対価を受け取ろうとしないような場合（この場合、本来なら弁済が完了していないので対価を支払ったことにならず対価の支払義務が残る）に、特許発明の実施を円滑にするものといえる。

その他の債権の消滅原因の意義を列挙すると、「相殺」とは、債務者と債権者が同種の債権を有するときにその債権と債務とを対等額において消滅させる一方的意思表示をいい、「更改」とは、新しい債務を成立させて古い債務を消滅させる契約をいう。

さらに、「免除」とは、債権を無償で消滅させる債権者の一方的意思表示をいい、「混同」とは、同一の債権について債権者たる地位と債務者たる地位が同一人に帰属することをいう。

なお、最後の「混同」の例としては、甲の有する特許権について通常実施権の許諾を受けていた乙が、甲から当該特許権を譲り受けた場合などに生じ、この場合には乙の通常実施権が消滅する。

（8）担保権

　債権は、債務の履行によって消滅するのが原則であるが、実際には種々の理由から債務が履行されずに当事者間で紛争となる事例が多い。この場合、債権者が債権を回収するためには、債務者の財産に対して強制執行していくことになるのが原則である。

　しかし、債務者に複数の債権者がいた場合〈債務を履行できない債務者は、債務を履行するだけの資力がなく（無資力）、かつ、複数の債権者がいる場合が多い。〉、多少の財産が残っていたとしても「債権者平等の原則」によってその債権額の比率で配分されてしまい、全額回収できない場合が多い。

　そこで、債権の回収を確実にする手段として担保制度が重要となる。

　なお、担保権に共通する特徴として**附従性**と**随伴性**が挙げられる。附従性とは、被担保債務がなければ担保権は成立せず（成立における附従性）、被担保債務が消滅すれば担保権も消滅し（消滅における附従性）、担保される内容は、被担保債務を超えることがない（内容における附従性）ことをいう。また、随伴性とは、被担保債務が移転されると担保権も移転することをいう。いずれも、担保権というものが、債権を担保する目的を有すること、すなわち被担保債務の存在を前提として成立する権利であるがゆえに認められる性質である。

　産業財産権法では、防護標章登録に基づく権利がこれに似た性質を有している。具体的には、この権利は、成立、消滅において商標権の存在を前提とし（商64条・66条3項）、また、商標権が移転されるとこの権利も移転する（商66条2項）。

　これは、防護標章登録を受ける権利が商標権者の保護を十全ならしめるためのもので、あくまで商標権の存在を前提として成立する権利であるがゆえであろう。

① 人的担保

　人的担保は、債権者が債務者以外の人の一般財産からも弁済を受けるものである。これにより、債務者自身の財産のみと比較すれば広い範囲でその債権が保護されることになる。いわゆる保証人という言葉は日常生活でもよく耳にする言葉である。ただし、この担保の場合も、保証人の資力次第では債権者の権利の充足が図れない可能性のある点は否定できない。

② 物的担保

　物的担保とは、債務者又は債務者以外の者の特定の財産について優先的に弁済を受け得るものである。この場合は、その特定の財産の経済的価値（交換価値）から優先的に弁済を受けることができるため、その物が滅失したり、価値が著しく減少しない限りは確実に弁済を受けられる点で人的担保よりも優れているといえる。例えば最も一般的なものとして、不動産を担保にして金銭を借りる例がある。

　物的担保は、法律によって一定条件下で与えられる法定担保物権（留置権、先取特権<ruby>先取特権<rt>さきどりとっけん</rt></ruby>）と当事者の約束により成立する約定<ruby>約定<rt>やくじょう</rt></ruby>担保物権（質権、抵当権、根抵当権<ruby>根<rt>ね</rt></ruby>抵当権、仮登記担保権、譲渡担保権）とに分けられるが、このうち産業財産権に関連の深いもののみを以下に説明する。

（i）質権と抵当権

　産業財産権には質権を設定することができる（特95条）。ここで、「**質権**」とは、債権の担保として債務者から受け取った物を占有し、かつ、他の債権者に先立って、自己の債権の弁済を受ける権利をいう。この場合、質物を差し出した人を「質権設定者」、質物を受け取った人を「質権者」という。

　質権は、債務者の所有する「物」を弁済を受けるまで留置して、質物を差し出した債務者に心理的圧迫を加えて弁済を間接的に強制するという作用を営む（留置的効力）。

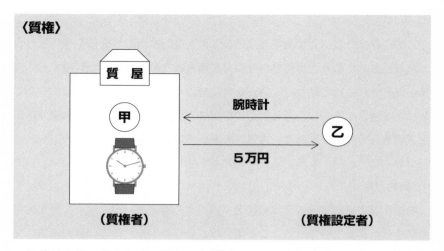

〈質権〉

質　屋

甲

腕時計

乙

5万円

（質権者）　　　　　　　　　　　　　（質権設定者）

　具体的な例で考えれば、甲という質屋に、乙が高級腕時計を持って行き質権を設定し、5万円の現金を借りたとしよう。この場合、乙（質権設定者）は、5万円を甲（質権者）に返済する債務を負い、甲は、腕時計を預かって、乙から弁済を受けるまでそれを自分で占有することができる。そして、乙が最終的に5万円を甲に返済しないときは、その腕時計を法の定める手続に従って換金して自己の有する5万円の債権を他の債権者に先立って弁済を受けることができる。

　一方、「抵当権」とは、債務者が、目的物の占有を移転しないで債務者の使用・収益に任せ、債権の担保に供した物の交換価値を把握し、債務を弁済しない場合に他の債権者に先立って、自己の弁済を受ける権利をいう。

　具体的な例で考えれば、乙が自己の所有する土地に抵当権を設定し、甲という金融業者から1000万円を借りる場合、その土地を甲に引き渡さずに、乙が引き続いてその土地の上に居住することが可能である。

　このように、質権と抵当権は、担保の目的物について誰が「占有」を行うかという点で差異があり、また、その公示方法が、質権が相手へその「物」を「引渡し」したことをもって公示としているのに対し、抵当権では、登記・登録等によって公示することとしている点で異なる。

以上が、市民生活で一般的に見られる典型的な質権と典型的な抵当権の違いである。

　しかし、質権は動産のみならず不動産にも設定でき（民356条*等）、更には財産権一般について質権を設定することも認められている（民362条*）。これを動産質、不動産質と並び「**権利質**」と呼ぶ。

　権利質の特徴は、目的物が有体物でないため前述したように弁済を受けるまで「物」を留置して、心理的圧迫を加えるという意味での留置的な作用がない点にある。したがって、権利質というのは典型的な質権（動産質権）とはかなり性質の異なるものといえる。

　産業財産権は財産権であり（本書32頁参照）、産業財産権を目的とする質権は権利質の一種ということができる。

　そして、産業財産権に設定された質権では、「質権者は、契約で別段の定をした場合を除き、当該特許発明の実施をすることができない」（特95条）と規定されており、質権者は原則として特許権へ支配を及ぼし得ない。一方、設定者である特許権者は質権者の承諾を得なければ放棄ができないなど、一定の制限を受けるにすぎない（特97条1項）。また、産業財産権への質権の設定は「登録しなければ、効力を生じない」（特98条3号）と規定されている。

　以上より、産業財産権法における「質権」は、典型的な意味での質権とはかなり趣を異にし、むしろ占有の移転を要件とせず、目的物の交換価値の把握を本質とする「抵当権」の概念に近いものといえる。なお、現行法の立法過程においても端的に「抵当権」とすべきとする趣旨の答申がなされていたが、様々な理由から「質権」として定められた経緯がある[16]。

　いずれにしても産業財産権に担保権を設定できるということは、例えばAという100万円相当の価値のある特許権を持っている甲が、乙から100万円を借りるときに、特許権Aを担保にできることを意味する。

---

(16) 立法過程について特許庁・逐条解説特95条〔参照〕を参照

　もっとも、産業財産権は、不動産のように市場で一般に取引（その意味での需要と供給のバランスという市場における価格決定のメカニズムが働いていない。）されているものでもないため、その金銭的価値の把握が困難である。そのため、前述の場合、Ａが本当に100万円の価値があるのかどうか判断するのは困難な場合が多く、乙はそれを担保とすることに不安を覚える可能性もある。そのような理由などから、かつては産業財産権に質権を設定する事例は少ないといわれていた。

　しかし、最近では産業財産権の資産価値としての評価が高まり、産業財産権や著作権を担保にめぼしい資産に乏しい中小のベンチャー企業などに対して融資を行う銀行が増えてきたといわれている（従来、「知的所有権担保」と呼ばれてきたが、最近では「**知的財産担保**」といわれることが多い。）。

　なお、質権は、担保の目的物の売却、使用等によって債務者が受けるべき金銭、その他の物及び目的物に設定した権利の対価に対しても、その権利を行使できるという「物上代位性」を有する（民350条で準用する304条）。

　このような効力が認められるのは、担保の目的が「物」そのものではなく、その「物」の交換価値を目的とするからである。

　この趣旨に沿って、産業財産権法においても「物上代位性」について規定を置いている（特96条）。

（ii）譲渡担保

　譲渡担保とは、担保の目的物を担保権者に譲渡して、債務の弁済後にその目的物を返還する担保をいう。

　この担保権については、民法上の規定はなく、慣習として行われていたものが判例上で認められたものである。慣習法として確立しているものとして前述した物権法定主義にも反しないと解されており（本書67頁参照）、特許を受ける権利や特許権などの産業財産権も譲渡担保として供することができるということにも異論はない。

例えばある画期的な発明をした個人発明家の甲が、資金繰りに困ったため、大企業である乙に対して、特許権を譲渡する形（特許権者が「乙」になる。）にして返済期限を2年として資金100万円の貸付けを受けたとする。甲が、約束どおり100万円に約定の利息を付けて乙に弁済したときには、当該特許権の移転登記を再度行い、甲が特許権者に戻ることができる。

一方、最終的に甲が返済できなくなったような場合には、乙は確定的に特許権者となり、当該特許権を売却するか実施許諾（ライセンス）することによって100万円の貸付分を確保することができる。

譲渡担保は、優先弁済を受ける手続が簡易であるという点に特徴がある。すなわち、弁済がなされない場合に所有権を自己に確定的に帰属させるという清算方法（帰属清算）の場合、複雑な執行手続を経ることなく所期の目的を達成できるからである。

この点で、民事執行法の規定に従って、目的物を換価し、その代金から優先弁済を受けることを原則とする質権と異なる。

（iii）仮登記担保

仮登記担保とは、仮登記担保契約に関する法律（昭和53年法律第78号。通称：仮登記担保法）に基づいて認められる担保権であって、**代物弁済予約**〈債務者が返済しない場合には本来の契約に代えて他の給付（具体的には所有権の移転）をすることをあらかじめ予約すること。〉などの形式で所有権移転請求権保全の仮登記をすることによる担保権である。

譲渡担保があらかじめ所有権を移転しておくものであるのに対し、仮登記担保は弁済のない場合に初めて所有権を移転するものである。

弁済がない場合は、仮登記を本登記に改めることにより目的物を自分のものにすることができる。実質的には抵当権に近い性質を持つとされている。

産業財産権に設定することも認められている（特登令2条2号参照）。

（9）不法行為

　「過失責任の原則」（本書51頁参照）は、故意や過失がなければ、活動の結果として損害が発生しても責任を負わないという点で、自由な経済的活動を保障するものであった。

　しかし、逆に言えば、故意や過失による活動の結果の損害に対しては、その責任を負わなくばならないことを意味する。これが不法行為制度である。一般的な場合における不法行為責任を定めているのが民法709条*の損害賠償請求権である。

① 損害賠償請求権（民709条*）

　民法709条*は、「故意又は過失によって他人の権利又は法律上保護される利益を侵害した者は、これによって生じた損害を賠償する責任を負う」と規定している。これがいわゆる損害賠償請求権の規定であり、産業財産権の侵害についてもこの規定に基づき、侵害行為によって生じた損害の賠償を請求できる。

（i）「故意又は過失」と挙証（立証、証明）責任の転換

　「故意」とは、一定の結果が発生することを認識しながら自己の行為をすることをいう。一方、「過失」とは、一般人が尽くすべき注意をすれば結果が認識できたのに認識しなかったことをいう。

　これ以外のいわゆる善意・無過失の行動によって他人に損害を及ぼした場合は、原則としてその損害を賠償する責任は負わない。こうして私人は安心して積極的な活動を展開できることになる。

　このように「故意又は過失」の存否は、重要な法的効果の差異につながるが、実際の訴訟の場でこの「故意又は過失」が存在したことを挙証しなければならないのは損害を受けた原告の側である。

裁判は、前述のように「法の適用」を行う場所であり、「法の適用」には「事実の認定」が必要となるが、その事実認定の際に誰がその事実の存在を証明する必要があるのかが問題となる。これについては、誰に挙証させるのが当事者間の公平を図れるかという観点から、一定の法律効果を主張する者がその効果の発生を基礎付ける適用法条の要件事実について証明する必要があると考えられている[17]。

　したがって、損害賠償請求に当たっての「故意又は過失」の存在の立証は、この法条の適用を主張する請求者（例えば特許権者）が立証する必要があることが原則となる。

　しかし、有体物であれば、その有体物を毀損した者の「故意又は過失」が比較的容易に認定できる場合も多いと考えられるが、無体物である産業財産権の侵害について「故意又は過失」を権利者が立証するのは甚だ困難である。一方、産業財産権は公報等によって公示されている以上、それを注意する義務が同業者にはあるはずである。

　そこで、産業財産権法ではこの点の証明責任を転換し、「侵害の行為について過失があったものと推定」する規定を置いた（特103条）。その結果、この推定を覆すためには侵害者の側が過失の不存在を立証する必要がある。

（ⅱ）「他人の権利又は法律上保護される利益を侵害」

　「他人の権利又は法律上保護される利益を侵害」とは、狭い意味での権利侵害のみならず、いわゆる違法行為を意味する。違法行為がどのような行為を指すのかが問題となるが、一般に、行為が客観的に法秩序に反しており、非難に値するものであれば足りると考えられている。具体的には、被侵害利益（侵害されている権利・利益）の種類及び性質と、侵害行為の態様との相関関係により判断される（通説）。

---

(17) 法律要件分類説といわれる。詳しくは本書115頁参照

（ⅲ）「これによって生じた損害」

　この文言は加害行為に起因して生じた損害が賠償範囲であることを示すものである。その範囲をどこまで及ぼすかが問題となるが、現実の損害ではなく「通常生ずべき損害」と考えられている（民416条*類推）。

　すなわち加害行為と「相当因果関係のある範囲」であると解するのが判例・通説である。これは、因果関係というのが「あれがなければ、これもない」という形で無限の連鎖をしかねないことに着目して、一定の歯止めをかけるものであり、相当因果関係とは、通常その行為からその結果が発生することが相当だとみられる因果関係をいう。

　例えば特許権を侵害されたことにより、特許権者の利益が減少し、その結果、特許権者の息子が学費の高い私立大学へ入学できなくなって浪人したとして、その予備校費用や生活費が発生したとしても、これらの費用は通常その行為からその結果が発生することが相当とは考えにくい。したがって、このような場合には相当因果関係は認められないであろう。

　もっとも、ここでいう「損害」には、財産的損害と精神的損害の双方が含まれる。

　財産的損害には、**積極的損害**（不法行為によって積極的に生じた損害、傷害を負った場合の治療費など）と**消極的損害**〈不法行為によって得られるはずであったのに得られなかった利益（逸失利益）〉があるが、産業財産権は物理的に毀損することがないので、専ら逸失利益が問題となる。

　そのため「損害」の立証は困難なことが多く、権利者を保護するために前述の過失推定（特103条）のほか、種々の特別規定を置いている（特102条〜106条）。

（ⅳ）責任能力について

　民法709条*には規定されていないが、加害者に責任を負える能力がない場合には、最終的に賠償責任を負わせることができない（民712条*・713条*）。

例えば自分の行為の責任を弁識できない未成年者などである（民712条*）。

しかし、産業財産権の侵害では、「業として」が要件となるため（特68条等）、侵害者に責任能力がないという事態は余りないものと考えられる。

② 共同不法行為について

数人が共同して不法行為をした場合は、各自が連帯して責任を負う（連帯債務）という規定がある（民719条*）。連帯債務は、複数の債務者がそれぞれ独立に同一内容の給付全部を履行する義務を負い、そのうち1人が履行したときは、全ての債務者が債務を免れる債権関係をいう。これは、いずれの債務者に対しても全部の給付を請求できる点で、債権者を保護する制度である（民432条*等）。

③ 債権侵害について

債権は、本来「人の行為」を客体とし、特定の人に対する特定の行為を請求する権利であることは既に述べた。この権利の性質上、債権者は債務者に対してのみ請求する権利を有するのであって、第三者に請求する権利を有しないことを根拠に、第三者による債権の侵害はあり得ないという考え方が従来あった。しかし、現在では債権も権利としての不可侵性を有するため、第三者による侵害が成立する場合もあり、この場合には、不法行為による損害賠償請求ができる（民709条*）と考えるのが判例・通説である。

ただし、第三者が関与しても債務者自身の行為自体が既存の債務と矛盾する場合には、まず債務不履行が問題となるため、債権侵害が問題になるケースは現実には少ないと考えられる。

したがって、債権の帰属を侵害した場合（例えば債権者の受取証書を窃取して債務者から弁済を受けたような場合）、債権の目的たる給付を侵害した場合（テレビ番組へ出演契約のある歌手を誘拐して出演させないような場合）などに限って債権侵害が問題となる。

　なお、債権侵害は、原則として成立しないものであるから、成立するためには強い違法性を要するとして、第三者の故意を要件とすべきというのが有力説である。

　これを産業財産権法の枠内で考えれば、第三者による通常実施権の侵害が成立するかという問題になる。これについては、独占的通常実施権（本書79頁参照）について成立し得るという見解が有力である。

(10)不当利得返還請求

　法の目的は「秩序の維持」であるが、その目的達成のため日本国憲法は「平等主義」を採用している（憲14条*）。すなわち、個人の尊厳を確保する際に、特定の人間のみが優遇されるのは明らかに平等ではない。そのようなことを容認する社会は、不満を持つ人々の存在によって動揺し、結果として「秩序」が乱されることになろう。

　そこで、平等主義は一人一人が「公平」に取り扱われるべきことを要請する。このように、「公平」という観点は、法目的の「秩序の維持」達成に必須の考え方であり重要な法の目標の一つである。

　この「公平」という理念を市民間の活動において実現する制度の一つが、不当利得返還請求権である。不当利得返還請求権とは、正当な法律上の理由がないのに他人の損失において財産的利得を受けた者に対し、損失者が自己の受けた損失を限度としてその利得の返還を請求することのできる権利をいう（民703条*）。

　例えば甲が乙から自動車を購入する契約をし、その代金100万円を支払ったが、実はその売買が錯誤等により無効となった場合、乙の得た100万円は甲に返されなければ公平でないのは明らかである。すなわち契約は無効となっており、乙が100万円を得る正当な法律上の理由はない。

　したがって、甲から乙へその100万円の返還を請求することを認めるべきである。これが、不当利得返還請求の一例である。

不当利得返還請求の要件は、法律上の原因のない利得があったこと（法律上の原因なく他人の財産又は労務によって利益を受け）、損失が生じたこと（他人に損失を及ぼし）、利得と損失の因果関係（そのために）という３つの要件が必要とされる。そして、その効果は、利得者が善意[18]の場合は利益の存する範囲で返還義務が生じ（民703条）[*]、悪意[19]の場合は更に利得から返還までの利息を付する必要がある（民704条）[*]。

産業財産権法においては、例えば甲が特許権を有していたにもかかわらず、乙が権原なくその特許発明を無断で実施した場合、乙には少なくとも実施料分（例えば100万円）については本来支払うべき分を免れたという意味で消極的な「利得」があり、それにより甲は本来得られるはずであった実施料を得られなかったので「損失」が生じているといえる。このような場合、甲から乙に対する不当利得返還請求を認めるべきであろう。産業財産権法に不当利得返還請求権についての明文の規定はないが、産業財産権についても適用できると考えるのが判例・通説である。

なお、他人に特許権を無断で実施されたために本来得られるはずの実施料100万円を得られなかったのであるから、いわゆる逸失利益として損害賠償請求の対象ともなるであろう（民709条）[*]。このような場合、損害賠償請求権と不当利得返還請求権の両権利がいかなる関係に立つかが問題となる。これは、**請求権の競合**という問題である。

請求権の競合とは、同一の事実について目的を同じくする別個の実体法上の権利が併存することをいい、先の事例はこれに当たる。このような場合、一方しか行使できないという見解（法条競合説）もあるが、判例・通説はいずれの権利でも任意に選択して行使してよいという立場をとっている（請求権競合説）。

---

(18) 知らないことをいう〈知らないことに過失がある場合も含む（通説）。〉。
(19) 知っていることをいう。

（11）事務管理（準事務管理）

　事務管理とは法律上の義務なくして他人のために事務を管理することをいい、例えば隣人が海外出張中で連絡が取れない間に台風が来て隣人宅の塀が壊れかけて危険だと思ったときに塀を修理しておくような場合が典型である。このような相互扶助の精神は社会秩序の維持にとって重要であるが、一方で他人への不当な干渉とならないよう調整するための規定を置いた（民697条）。

　具体的には、まず相互扶助の精神を尊重すべく、このような管理行為は適法なものとして扱われ（例えば上記の例で隣人宅の敷地内に入っても違法性が阻却される。）、管理者は費用償還請求権を有する（民702条1項）。ただし、不当な干渉とならないよう、管理を開始した場合には勝手に中止することはできず（民700条本文、管理継続義務）、善良な管理者としての注意義務を負うと解されている（通説）。

　ここで準事務管理という理論について紹介する。準事務管理とは「他人のため」ではなく専ら「自己のため」に他人の事務を管理することをいい、例えば隣人が海外出張で連絡が取れない間に隣人宅の空きスペースを駐車場に利用して利用料を取るような場合が挙げられる。

　このような準事務管理という概念を認め、事務管理の規定を類推適用すべきかどうかが問題となるが、専ら自分のために行う行為は相互扶助の理念とは異なるので否定するのが通説・判例である。

　この点、知的財産権侵害で他人の発明等を専ら自己のために無断で利用した場合に準事務管理を認めるべきではないかという議論があるが、結論としては否定するのが有力説である。

第6章

刑法

（1）刑法とは

　刑法は、「犯罪」に対する「刑罰」を定めた法律である。犯罪という人間の秩序を乱す反社会的な行動とそれに対応する刑罰という制裁（一定の権利の剥奪）⁽¹⁾を示すことを基本にしている。

　これにより、人間の行動を刑罰という威嚇によって心理的に制御し、一般の人間に特定の行動（犯罪）をとらせないようにする（一般予防的機能）一方、犯罪人に対しては、再度の犯罪を犯さないように教育し（特別予防的機能）、社会に秩序を与えること（秩序維持機能）を目的とする。したがって、「法」の一般目的である「人間社会の秩序維持」に直結している点で、重要な基本法の一つといえる。

　特許権などの産業財産権は財産権であり、財産権に対する犯罪については刑法にも規定がある。しかし、それらは主として有体物に対するものであり、そのまま適用することができない。そこで、産業財産権法において特別に侵害罪を規定したものである（特196条）。

（1）刑罰には、死刑、懲役、禁錮、罰金、拘留、科料及び付加刑として没収の7種類がある（刑9条）。これらを剥奪される権利により分類すると生命刑（死刑のみ）、自由刑（懲役、禁錮、拘留）、財産刑（罰金、科料、没収）に分けることができる。

　なお、刑法総則（刑1条〜72条）には、「他の法令の罪についても、適用する」こととされているため、産業財産権の侵害罪等にも適用される（刑8条*）。

（2）刑法の諸原則

① 罪刑法定主義

　罪刑法定主義は、「法律がなければ犯罪はなく、法律がなければ刑罰はない」という言葉で示される[(2)]。

　この主義は、「社会秩序の維持」という法目的に以下のように関連する。まず、社会の秩序維持のために、論理的に「法的安定性」が要請されることは既に述べた。この点刑罰は、制裁であってしかも人身の自由の剥奪を内容としているもの（自由刑）があるという点で、他の「法」以上に「法」に従って安心して行動できること（予測可能性）が要請される。すなわち刑法では、「法的安定性」がより厳格に求められるのである。

　そして、刑罰権（犯罪に対してその犯人を処罰し得る権能）が国家に帰属している現在、その国家権力の濫用を防止することによる個人の尊厳の確保（憲13条*）という観点から、「法に基づかなければ、国民の自由を奪う処罰はできない」という自由主義の要請と、「刑罰は、主権者国民の意思である法律に基づいて定めなければならない」という民主主義の要請が導かれることとなる。

　このように、罪刑法定主義という用語は、自由主義と民主主義の理念によって国民の人身の自由を保障する重要な原則であるが、刑法上に明文の規定はない。しかし、憲法において「何人も、法律の定める手続によらなければ、その生命若しくは自由を奪われ、又はその他の刑罰を科せられない」（憲31条*）との規定があり、これが条文上の根拠の一つとなる。

---

(2)　ドイツの刑法学者フォイエルバッハ（Paul Johann Anselm von Feuerbach 1775-1833）の言葉として著名。

② 刑罰不遡及の原則（事後法の禁止）

　刑罰不遡及の原則は法的安定性の要請と罪刑法定主義から導かれるものであり、刑法における法律不遡及の原則である（本書5頁参照）。すなわち、あらかじめ公布された法律がなければ刑罰も科されることがない。

　例えばある行動をとった時にはそれを処罰する法律がなかったが、その後の立法によって過去の行動に対して処罰されることとなると法的安定性を著しく害し、個人の自由を不当に侵害するおそれがあるからである。

　なお、これについては、憲法39条*が明文で規定している。

③ 類推解釈の禁止

　類推解釈が禁止されるのも罪刑法定主義からの派生である。類推解釈（本書41頁参照）は、法律が予定している範囲を超えた事項にまで法律を適用する点で、国民の予測可能性を超えて恣意的処罰のおそれが介入する。そのため、法的安定性の見地からもこのような解釈が刑法においては禁止される。

④ 明確性の原則

　これは、刑罰法規ができるだけ具体的かつ明確でなければならないという原則であり、類推解釈の禁止と同様、国民の予測可能性を超えた恣意的処罰の招来を防止する見地から認められるものである。

⑤ 謙抑主義ほか

　謙抑主義とは、刑法の適用は慎重かつ謙虚に行われるべきであって、必要かつやむを得ない範囲においてのみ適用されるべきという考え方である。これは、解釈のみならず、立法に当たっても考慮されるべき基本原理とされる。個人を最大限に尊重する現行憲法の建前（憲13条*）を考えれば、社会秩序を維持するために他の手段（民事上の損害賠償等）で目的が達せられるのであれば、個人の人権を剥奪する刑罰は最後の手段とされるべきと考えるのである。

　なお、これらのほかに、罪刑法定主義の派生原理として慣習刑法の排除（刑罰は狭義の「法律」に基づいて科せられる必要があり、慣習法のような不文法に基づいて処罰してはならないという原則）と絶対的不定期刑の禁止（自由刑の言渡しのときに全く刑期を定めないものを禁止するという原則）がある。

（3）犯罪の成立

　犯罪とは、構成要件に該当する違法かつ有責の行為である。以下、この点について分説する。

〈犯　罪〉

構成要件該当性＋違法性＋有責性

① 構成要件該当性

　犯罪が成立するための条件は、第一に、その行為が犯罪の構成要件（刑罰法規に規定された個別的な犯罪の類型）に該当することである。これは、罪刑法定主義から導かれるものであり、構成要件は法律に明示されている必要がある。

　例えば「他人の財物を窃取した者は、窃盗の罪とし、10年以下の懲役又は50万円以下の罰金に処する」（刑235条[*]）という規定であれば、「他人の財物を窃取」する行為（構成要件に該当する行為を「実行行為」という。）が犯罪を構成する要件である。

　実行行為は、実行の準備→実行行為（実行の着手→実行の終了）→結果の発生という経過をたどると考えられるが、このうち実行の準備の段階を「予備」という。

　なお、この予備が処罰されるのは、殺人、放火などの極めて重い罪のみに限られている。

そして、実行に着手したが、終了しなかった場合、及び終了したが結果が発生しなかった場合は「未遂」となり、実行を終了し、結果も発生した場合に「既遂」となる。

例えば特許権の侵害罪では、特許法196条に「特許権又は専用実施権を侵害した者は」とあることより、「侵害」という行為が構成要件に該当する行為、すなわち実行行為である。

② 違法性

犯罪が成立するための第二の条件が「違法性」である。違法性とは、行為が「社会の秩序維持」という法目的に反することをいう。

構成要件が犯罪の類型である以上、構成要件に該当する行為は原則として「違法性」があると推定される。しかし、医者の外科手術のように、その行為が構成要件に該当する（刑204条*の傷害罪では「人の身体を傷害した者は、……」とある。）にもかかわらず、処罰に値しない行為が存在する。そのための概念が「違法性」であり、手術のように社会的に正当化される特別の事情を「**違法性阻却事由**」という。

産業財産権の侵害において「違法性」が阻却される場合は極めてまれと思われる。しかし、特許法93条の「公共の利益のため特に必要であるとき」、例えば悪性伝染病が全国的に蔓延した状態の場合において、その特効薬の発明品について特許権者の承諾を得られなかった薬品製造業者が、裁定による通常実施権の設定前にその発明品を見切り生産し始めたような特殊な事情のあるとき、「侵害」という構成要件に該当しても「正当の業務」（刑35条*）ということで「違法性」が阻却されることがあり得ると考えられる。

③ 有責性

犯罪が成立するための第三の条件が「有責性」である。「有責性」とは、犯罪行為についてその行為者を法的に非難し得ることをいう。

　すなわち、行為者を非難し得ない事情がある場合には犯罪が成立しない。例えば幼稚園児が刃物で他の幼稚園児を傷付けたような場合に、その幼稚園児が傷害罪により処罰されることはない[3]。

　前述したように、そもそも刑法は、刑罰という威嚇によって心理的に人間の行動を制御することにより、社会に秩序を与えるものである。これは、人間がその自由な意思に基づき、自分の行動を選択することで罪を犯すことも犯さないこともできる状況にあることを前提にし、それにもかかわらずあえて罪を犯したことに対して道義的に非難し、制裁を加えるものである。

　したがって、人間が全く罪を犯す意思がない場合やそもそも自分の行動が選択できなかったという状況の場合（前述の幼稚園児の例）にまで刑罰を科するのは、前述した謙抑主義や個人を尊重する理念に反するばかりでなく、社会通念にも反する。その結果、最終的には「社会の秩序維持」という法の一般目的にも反するといえる。このような理由により、犯罪の成立に「有責性」が必要とされると考えられる。

（ⅰ）責任能力

　責任能力のない者は「有責性」なしとされる。責任能力とは、刑法上の責任を負える能力をいい、刑法上では責任能力の欠ける者、又は低減される者（これをそれぞれ責任無能力者、限定責任能力者という。）として、心神喪失者及び心神耗弱者、刑事未成年者（14歳未満）（刑39条*・41条*）などを規定している。

　産業財産権の侵害罪では、「業として」が構成要件とされることから、これらが問題となる場合は余りないであろう。

---

(3) この場合、幼稚園児の親権者（父や母）が監督義務違反を理由に損害賠償責任を負う場合はある（民714条*）。

（ⅱ）故意又は過失

刑法38条1項では、「罪を犯す意思（故意）がない行為は、罰しない。ただし、法律に特別の規定がある場合は、この限りでない」と規定している。したがって、故意がなければ、原則として処罰されず（同項本文）、例外的な場合のみ過失を処罰することとしている（同項ただし書）。

これは、産業財産権の侵害罪にも当てはまり、産業財産権法には過失を処罰する旨の特別の規定がないことから、侵害の「故意」がなければ侵害罪は成立しない。

なお、侵害罪に関する「故意」の認定については、意匠登録に無効理由があることを信じていただけでは「故意」の認定を免れない。弁理士の専門的意見を求め、それに従った場合は「故意」には当たらないなどの裁判例がある。

（4）親告罪

親告罪とは、検察官が公訴するための要件として告訴が必要とされる犯罪をいう。そしてこれ以外を非親告罪という。

親告罪は、法文上で「告訴がなければ公訴を提起することができない」と定められている場合であり、比較的軽微な犯罪について被害者の意思を尊重する趣旨である。

なお、告訴とは、刑事訴訟法上の概念であって、犯罪の被害者、その法定代理人等が犯罪事実を捜査機関に告げることによって、その犯罪を起訴してほしいという意思を表明することをいう。

産業財産権法では、全て非親告罪とされている（特196条等）。従来（平成10年改正前）、公益性が強いという理由で商標権のみが非親告罪とされていたが、現在では、知的財産権が極めて重要な財産権であるという認識が浸透したという社会的背景から全て非親告罪となっている。

point解説

行為規範と裁判規範

行為規範とは、法規範の名宛人、つまり対象者が一般人であり、一般人の行為の規準（一定の作為・不作為を命ずるもの）を定めたものである。

他方、裁判規範とは、法規範の名宛人が裁判官であり、裁判による紛争解決の規準を定めたものといわれている。

ほとんどの法律は行為規範であると同時に裁判規範でもあるというのが通常である。

例えば刑法199条は「人を殺した者は、死刑又は無期若しくは5年以上の懲役に処する」と定めているが、これは行為規範として「人を殺してはならない」という一定の不作為を一般人に対して命じていると同時に、裁判規範として人を殺した者には「死刑又は無期若しくは5年以上の懲役に処さなければならない」という一定の作為を裁判官に命じていると考えられる。

これを産業財産権法で考えてみれば、特許法196条の特許権侵害罪もこれと同様に行為規範であり、かつ、裁判規範であると考えることができよう。

第 **7** 章

民事訴訟法

（1）民事訴訟法とは

　民事訴訟法は、争いのある法律関係（このような訴訟の対象となる法律関係を「**訴訟物**」という。後述するコラム107頁も参照）の**要件事実**（法律が要件と効果を定める場合のその要件に該当する事実）の存否を裁判所が判断してその法律関係を確定することにより私人間の紛争を公権的に解決するための手続法（本書26頁参照）である。法の目的は「秩序の維持」にあり、私人間の紛争を解決することは、その目的に直結するものといえる。

　産業財産権法では民事訴訟法が登場する場面は、大別して3つある。第一に、審判等の手続における準用、第二に、審決等取消訴訟、第三に、特許権等の産業財産権侵害訴訟である。

　審判等の手続は、特許庁という行政庁内部の手続であり、裁判所の手続ではない。そのため、民事訴訟法は「適用」ではなく「準用」（本書148頁参照）されるにとどまる。もっとも、審判は準司法的手続といわれるように、例えば除斥・忌避の制度（特139条～144条）をはじめ、民事訴訟の手続を参考にしたものと理解できる制度や規定が多々ある。なお、審決等取消訴訟は、拒絶審決取消訴訟のように特許庁長官を相手方とすることがある点で「私人間」の紛争とは必ずしもいえないのではないかという疑念が生じよう。

　後述するように、審決等取消訴訟は行政訴訟であり、行政事件訴訟法の適用を受ける。ところが、行政事件訴訟法は、7条において「この法律に定めがない事項については、民事訴訟の例による」と規定する。そして、行政事件訴訟法は僅か46か条しか存在せず、実際上は民事訴訟法が適用される場面が極めて多い。このような形で審決等取消訴訟に民事訴訟法が登場するわけである。

（２）民事訴訟法の基本理念

① 手続保障、公平の理念

　民事訴訟法は、「秩序の維持」を図るために私的な紛争を解決することを目的とするものである。しかし、その解決方法は強制力を伴うものであり、仮に内容的に不当な判決であったとしても判決の確定により判決内容が実現に向かい、しかも再び同じ事項について争い得ないという力を持つ（詳しくは、後述する（７）②判決の効力を参照）。

　これは、このような力を認めずに何度でも蒸し返すことができれば、紛争は永久に解決されず、その結果、「秩序の維持」という法の目的が実現できなくなるからである。

　しかし、形式的には裁判という手続を経たが、何ら反論の機会が存在しなかったような場合にもこのような力が承認されるべきであろうか。仮に承認されるとすれば、憲法の保障する裁判を受ける権利の侵害となろう（憲32条）。実際問題としてこのような場合、当事者は納得がいかず、自力救済に出るなどしてかえって紛争が拡大する可能性すら生ずるであろう。

　そのため、民事訴訟においては、当事者双方に公平かつ十分に訴訟制度を利用する機会及び主張・立証の機会を保障する必要があり、そのような手続の機会が付与されてこそ（**手続保障**）、適正な判決が期待でき、また、当事者も裁判所の判断に納得すると考えられる。

② 訴訟経済、訴訟の迅速、手続安定、紛争の一回的解決の理念

　裁判所は公金によって動く国家機関であり、労力と時間がかかればそれだけ公金が用いられることになる。そのため、訴訟の労力と時間を最小限に抑えることが要請される。

　これが「訴訟経済」及び「訴訟の迅速」の要請である（民訴2条*参照）。そして、訴訟は一つ一つお互いの手続が積み重なっていくという性質を有するため、後で前の手続を覆すと著しく訴訟経済に反する。そのため、手続を後で覆すことはできる限り否定すべきである。これが「手続安定」の要請である。

　また、関連する紛争を細切れにして訴訟を行うことも重複した手続が増えて訴訟経済に反する。そのため、できるだけ関連紛争を一挙に解決することが望ましい。これが「紛争の一回的解決」の要請である。

　このように、大別して「手続保障」と「訴訟経済」という2つの理念が民事訴訟法の指導理念となるが、これらは多くの場面で対立することになる。例えば当事者に十分な主張・立証の機会を保障しようとすると訴訟が遅延するおそれがあるし、訴訟を簡単に終わらせようとすると当事者に十分な主張の機会が与えられないおそれがあるからである。したがって、「手続保障」と「訴訟経済」の理念の合理的な調和を図る必要がある。

　なお、審判に民事訴訟法が適用されるわけでないことは先に述べたが、審判等の手続は準司法的手続と呼ばれ、実質的にも第一審的作用を果たしている。そのため、上述した理念に関しては基本的に妥当すると考えてよい。

　具体的には審判手続における手続保障の現れといえるものに、無効審判の双方審尋主義の採用が挙げられる。また、訴訟経済（ここでは「訴訟」でないので審判経済）の現れといえるものに、続審主義（特158条・159条）、審査前置制度等がある（特162条）。

（3）民事訴訟手続の概観

　民事訴訟法は、手続法である。したがって、特許出願手続を理解する際に、その全体の流れ（例えば特許出願→出願審査請求→審査→査定→登録など）を理解していないと一つ一つの制度を正確に理解するのが困難であるのと同じように、民事訴訟手続を理解するためにもまず全体の流れを知っておく必要がある。

　具体的には、おおよそ以下のとおりであり、この順で説明する。

① 訴えの提起による訴訟の開始
② 口頭弁論手続
③ 証拠調べ手続
④ 判決等による訴訟の終了

（4）訴えの提起による訴訟の開始

① 処分権主義

　訴訟は訴えの提起によって始まる。逆に言えば、訴え提起行為がなければ審理が始まらない（これを不告不理の原則といい、「申立てなければ裁判なし」といわれることもある。）。これは「**処分権主義**」の現れである。

　処分権主義は、明文の規定はないが異論なく認められている民事訴訟法上の基本原則であり、訴訟制度の利用につき当事者に主導権を認めることをいう。具体的には、原告に訴訟物を特定・限定する権能を与えるとともに、当事者双方にその意思に基づいて訴訟を開始し、終了させることができる権能を認めるものである。

　処分権主義の根拠は、民法の私的自治の原則（本書50頁）に求められる。すなわち、民事訴訟の対象（訴訟物）は私法上の法律関係であるが、私法上では個人の自由意思に基づいて自律的な法律関係の形成が認められている。そこで、そのような裁判外の原則を裁判内でも尊重しようというのである。

point解説

訴訟物論争

　訴訟物論争とは、訴訟物をどのように捉えるかをめぐる論争であり、旧訴訟物理論と新訴訟物理論が対立しているとされる。産業財産権法で訴訟物理論が問題となる場面は少ないので概説する。

　前者は、訴訟物を実体法上の権利の単複異同によって決する立場であり、実務はこれによるといわれる。その論拠は、基準が明確なため当事者の手続保障という観点から望ましいというものである。

　後者は、実体法上の権利に分断されない上位概念としての一個の法的地位（受給権）を訴訟物とする立場であり、学説上の多数説である。その論拠は、紛争の一回的解決の理念である。例えば他人に特許権を無断で実施されたために得られるはずの利益（例えば実施料）を得られなかったような場合、この逸失利益を損害賠償請求（民709条[*]）し得るであろう。

　他方、侵害者による実施料分の不当利得として返還請求（民703条[*]）することも考えられる。

　このような場合、旧訴訟物理論によれば、実体法上の権利によって訴訟物を判定するので、それぞれ訴訟物は別となり、新訴訟物理論によれば、実施料相当額を請求する地位が訴訟物となるので訴訟物は一つとなる。旧訴訟物理論によると原告が損害賠償請求訴訟で敗訴した場合、再度、不当利得返還請求訴訟を提起できることとなって紛争が蒸し返されると新訴訟物理論は批判する。もっとも、実際上、このような蒸し返しがなされることはほとんどなく、仮にあったとしても信義則（民訴2条[*]）などにより対処可能ともいわれている。

② 訴えの種類

　訴えには、基本形として給付訴訟と確認訴訟と形成訴訟の３種類がある。**給付訴訟**とは、被告に作為／不作為を命ずる旨の判決を求める訴えをいい、**確認訴訟**とは、特定の法律関係の存在又は不存在を確認する判決を求める訴えをいい、**形成訴訟**とは、一定の法律関係の変動を宣言する旨の判決を求める訴えをいう。

　給付訴訟は、最も一般的な訴訟形態であり、例えば特許権侵害の差止請求訴訟は被告の不作為を求めるものであるから給付訴訟の一種である。

　これに対し、確認訴訟は何ら被告に作為／不作為を求めるものでないので判決を下しても紛争の解決にならない場合が多い。そのため、他の訴訟形式では目的が達せられないなど、確認訴訟提起の必要性が認められる場合にのみ認められる。

　例えば差止請求権不存在確認の訴えは、差止請求権の不存在の確認を求めるものであるから確認訴訟の一種であり、単に差止めを受けるのではないかと不安になったにすぎないような場合には認められず、特許権者が警告書を取引先に発送しているなどの事情がある場合に認められる。

　形成訴訟は、法律によって訴えの提起が認められるものである。その意味で特別な訴訟形態であり、法律関係の変動の判断を裁判所に委ねるのが妥当な場合、すなわち法律関係を画一的に処理する必要性が高い場合に認められる。例えば審決等取消訴訟は、審決の取消しという法律関係の変動を求めるものであるから形成訴訟の一種であると解されている（通説）。

③ 訴訟要件

　訴訟要件とは、審理を続行して本案判決（本書118頁参照）をするための要件をいう。例えば訴えの利益や当事者適格などがある。**訴えの利益**とは、本案判決をする必要性及び実効性を個々の請求内容について吟味するための要件をいい、**当事者適格**とは訴訟物たる特定の法律関係について、当事者として訴訟追行し、本案判決を求めることができる資格をいう。

　これら訴訟要件は、無意義な訴えを排除して訴訟経済を図る機能を持つ。

（5）口頭弁論手続

① 必要的口頭弁論の原則

　口頭弁論とは、広義には口頭で行われる審理手続の全体をいい、狭義には口頭で行われる当事者の弁論（訴訟資料提出行為）をいうなど、多義的に用いられる。

判決で裁判をすべき場合は、必ず口頭弁論（狭義）が開かれなければならない（民訴87条*）。これを**必要的口頭弁論の原則**といい、前述した当事者に主張・立証の機会を保障しようとする手続保障の理念の現れである。

なお、産業財産権法における審判では、これと同様の原則を採用していない。

② 弁論主義

民事訴訟では、前述したように争いある法律関係の要件事実の存否を裁判所が判断して判決を下す。したがって、裁判を行うためには事実とそれを裏付ける証拠が必要になる。これらを訴訟資料というが、民事訴訟法では、訴訟資料の提出を当事者の権能と責任とする建前を採用している。これを「**弁論主義**」といい、処分権主義と並んで民事訴訟における最も基本的な原則の一つである[1]。弁論主義の根拠は処分権主義と同様であり、私的自治の原則に求められる。

弁論主義の具体的内容としては次の３つが挙げられるのが一般的である。

第一に、事実は当事者が口頭弁論で主張しない限り判決の基礎に採用することができない（**主張責任**）。

第二に、当事者に争いのない事実（自白した事実）はそのまま認めなければならない（民訴179条*参照・**自白の拘束力**）。

第三に、証拠は原則として当事者が提出したものでなければならない（**職権証拠調べの禁止**）。

弁論主義と対置されるのが職権探知主義である。

職権探知主義とは、訴訟資料の探索を当事者のみに委ねず、裁判所の職責ともする建前をいう。これは訴訟物の公益性が高い場合や、判決の効力が第三者にも及ぶ（判決効は当事者のみに及ぶのが原則である。

---

(1) なお、処分権主義と弁論主義を合わせて当事者主義と呼ぶ場合もある。

　民訴115条1項1号[*]）など訴訟の帰趨を当事者のみに委ねるのが妥当でない場合に例外的に採用される。

　もっとも、本人訴訟を原則とする我が国では（弁護士強制主義をとる国もある。）、弁論主義を貫くと訴訟に不慣れな当事者の手続保障を実質的に害するおそれがある。そのため、弁論主義を補完するものとして裁判所に釈明権というものが認められている（民訴149条1項[*]）。

　釈明権とは、当事者の申立てや陳述に矛盾や不十分な点等がある場合に、事案の解明を図るため事実上・法律上の事項について質問し、又は証拠の提出を促して適正な事件処理を図る裁判所の権能をいう。

　産業財産権法では、準司法的手続とされる審判において民事訴訟では例外とされる職権探知主義が採用されている（特153条等）。その結果、先の弁論主義の内容として紹介されたところは、次のように変容する。

point解説

主要事実と間接事実について

　主要事実とは、訴訟物たる法律関係の法律効果を定める法規の構成要件に該当する事実をいい、**間接事実**とは、主要事実を推認させる事実をいう。

　例えば特許権侵害に基づく損害賠償請求権が訴訟物の場合、被告の実施している物件が特許発明の技術的範囲に属することは主要事実となる。他方、被告が実施する直前に特許権者に対して通常実施権の許諾を求めていたという事実がある場合、これは被告の実施している物件が特許発明の技術的範囲に属することを推認させるので間接事実となる。

　弁論主義のうち、主張責任と自白の拘束力が適用される事実は、主要事実に限られると解されている（通説）。間接事実は主要事実を推認させるという点で証拠と同様の機能を有するにすぎず、この事実までも当事者の主張を待つ必要があったり、逆に当事者の自白に拘束されてしまうとすると自由心証主義（本書113頁）を実質的に害するおそれがあるからである。もっとも、主要事実か間接事実かの区別は必ずしも明確ではなく、境界線をめぐって様々な議論がある。

第一に、当事者が主張しない事実も審決の基礎に採用することができる。

第二に、当事者に争いのない事実（自白した事実）についてもそのまま認める必要はない。

第三に、証拠は当事者が提出したものに限定されず、職権で証拠調べをすることができる（この点は特150条1項に明文がある。）。

なお、このような産業財産権の公益性を考慮して、審判手続の進行の面においても職権進行主義を採用している（特152条）。

③ 適時提出主義

適時提出主義とは、口頭弁論において当事者は、訴訟の進行状況に応じて適切な時期に攻撃防御方法（原告の主張・立証を攻撃方法といい、被告の主張・立証を防御方法といい、それらの総称）の提出をしなければならないという建前をいう（民訴156条*）。従来は随時提出主義、すなわち口頭弁論終結まではいつでも攻撃防御方法を提出できるという建前が採用されていたが、訴訟の迅速の理念に反する結果を生んだために近時改正された。

④ 口頭弁論の準備

口頭弁論を何の準備もなしに開くとそもそも何が争点になっているのか不明確のまま審理することとなって訴訟遅延を招くおそれがある。そこで、法は口頭弁論を準備するための制度を用意している。

例えば① 準備書面制度（民訴161条*）、② 準備的口頭弁論（民訴164条*）、③ 弁論準備手続（民訴168条*）、④ 当事者照会制度（民訴163条*）などである（制度の内容は各条文を参照されたい。）。①は必要的手続であるが、②、③は裁判所が事件の内容や性質に応じて行うことができる任意的手続である。

特許事件などは事案が専門技術的なため、③の弁論準備手続を行うのが通常である。なお、④の当事者照会制度は、当事者の資料収集手段の一つとして機能する。

　特許権侵害訴訟において、被疑侵害製品の生産量などを記載した文書の表題や内容の照会、無効審判請求棄却審決取消訴訟において、特許権者に実験データの存否を照会したい場合などに利用できると考えられる。

（6）証拠調べ手続

① 証拠調べ

　証拠調べとは、当事者の提出した証拠を取り調べることで事実の存否を判定することをいう。ある事実が存在するか否か（例えば損害賠償請求権の発生要件の一つである被告が権利を侵害している事実の存否）を裁判官の直感のみで判断するという方法も考えられなくはないが、これでは裁判の公正さが疑われてしまう。

　そのため法は判断の客観性を担保すべく、争いある事実は証拠によって認定をしなければならないこととしている（民訴179条[*]反対解釈）。これを逆に言えば、争いある事実のみが証拠調べの対象となり、証拠調べ手続に入ることになる[(2)]。

　ここで、**証拠**とは、裁判所の事実認定のための材料をいう。証拠方法（証拠調べの対象となる証拠）は、物的証拠と人的証拠に大別される。前者には、文書、検証物が、後者には、証人[(3)]、鑑定人、当事者が含まれる。これらの証拠調べの方法は、それぞれ**書証**（裁判官が文書を閲読して、読み取った記載内容を証拠資料とする証拠調べ）、**検証**（五感によって事物の性状を検査して、感得した内容を証拠資料とするもの）、**証人尋問**（口頭の質問により証人に経験した事実を供述させて、その証言内容を証拠資料とするもの）、

---

(2) 現行法上、口頭弁論手続と証拠調べ手続が明確に分離されているわけではなく、訴訟手続の進行中に証拠調べができ、証拠調べ期日も口頭弁論期日の一種とされるが、一応分けて考えるほうが理解はしやすい。
(3) 鑑定証人は、学識経験に基づいて「意見」ではなく「事実」について供述するもので、証人の一種である（民訴217条[*]）。例えば事故の被害者を診断した医師が治療内容を供述するような場合がこれに当たる。

鑑定（学識経験のある第三者にその専門的な経験則を報告させ、その意見を証拠資料とするもの[4]）、**当事者尋問**（当事者本人に経験した事実を供述させて、その供述内容を証拠資料とするもの）と呼ばれる。

② 自由心証主義

　自由心証主義とは、事実認定に当たり、弁論の全趣旨及び証拠調べの結果を裁判官の自由な判断で評価することを認める建前をいう（民訴247条[*]）。自由心証主義は、法定証拠主義（事実認定の際に必ず一定の証拠に基づかなければならず、一定の証拠がそろえば必ず一定の事実を認定しなければならないなどとする建前）に対する概念である。

　法定証拠主義は、かつて社会の進展が緩やかな時代において安定的な裁判を可能にしたといわれる。しかし、社会の複雑化に伴い、かえって裁判官の判断が不自由で弊害が生じたことなどから近代に至って自由心証主義が採用された。

　ここで「**弁論の全趣旨**」とは、審理の過程に現れた一切の模様・状況をいい、例えば被告の態度などが含まれる。

　前述したように争いある事実は証拠によって認定するのが原則であるため、弁論の全趣旨はその間を埋める機能を果たすといわれる。もっとも、結果として証拠調べの結果よりも弁論の全趣旨を重視することも許されるというのが判例である。

　自由心証主義の下でも裁判官が確信を持てず、「事実の存否が不明」（これを「**ノン・リケット（真偽不明）**」という。）な場合が生じ得る。この場合でも裁判所は裁判を拒否することはできない（手続保障）。このような場合、証明責任という法技術が用いられる。

---

(4) 当事者が、例えば侵害の成否などについて弁理士や弁護士、大学教授などの専門家に依頼して「鑑定」を行ってもらう場合は、ここでいう「鑑定」とは異なる点に注意を要する。これは、慣行上「私鑑定」といわれ、一般に「書証」の一種と解されている。

point解説

証拠保全

証拠保全とは、将来の証拠調べが不能又は困難となる事情があるとき、訴え提起前あるいは訴訟係属中証拠調べ期日前に、事前に証拠調べをしてその結果を確保しておくための証拠調べをいい、本来の訴訟手続に付随するものである（民訴234条）。証拠保全は事実上相手方の下にある証拠を探索・開示する機能を有する。

他の分野の訴訟と比較して産業財産権（特に特許権）の侵害訴訟では証拠保全手続が行われることが多いといわれる。例えば訴え提起前に相手方の工場内部で製法の特許権を侵害して製品が生産されていると疑われるが、訴えを提起して相手に時間を与えると製法を変更してしまったり、証拠を隠滅してしまうおそれがあるというような場合がこれに当たろう。

証拠保全は必要性（保全事由）がある場合に限って認められるものであり、単に「侵害しているか分からないが念のため」という程度の理由では行うことができず、申立ての際に保全事由を「疎明」(5)しなければならない（民訴規則153条3項）。

なお、裁判官が証拠保全に来る場合は30分から1時間前くらいに相手方に予告するのが東京地裁の慣行のようである。予告が早過ぎると証拠隠滅のおそれがある一方、予告なしでは弁護士等に相談する時間もないこととなり酷であるため合理的な慣行と考えられる。

文書提出命令

文書提出命令とは、相手方又は第三者が所持する文書を証拠として使用する必要がある場合に、挙証者の申立てに基づき、その文書の提出を命ずる裁判所の決定をいう（民訴223条）。証拠を自ら保有しない挙証者の手続保障を図る手段の一つである。特に「証拠の偏在」（例えば原発訴訟などでは、重要な証拠が当事者一方に偏在し、証拠のない当事者は敗訴せざるを得ず公平を欠くといわれている。）の場合、本制度の利用により実質的公平を図り得るとされる。

文書提出義務は一般義務(民訴220条4号)として原則的に提出義務があり、例外的に提出義務を免れることとなっている。例外事由に当たるか否かの判断で必要があると認めるときは、当事者の立会いなしに裁判所で閲読できることとされている(民訴223条3項)。これは「インカメラ手続」と呼ばれ、審理の過程で営業秘密などの漏洩を防止する趣旨である。

なお、産業財産権法では、書類提出命令の規定がある(特105条)。この規定は民事訴訟法の文書提出命令の特則と位置付けられよう。

証明責任（挙証責任又は立証責任ともいう。）とは、訴訟上、ある主要事実の存否が不明な場合に、その事実に基づく有利な効果が認められないこととなる当事者の一方の不利益をいう。

　例えば意匠権侵害を理由とする損害賠償請求訴訟では、請求を認めてもらうためには、侵害の事実、すなわち原則として原告たる意匠権者の登録意匠と被告の実施している意匠が類似しているという事実が必要となる（意23条本文）。この事実の存否が不明な場合は証明責任により侵害の事実が認められないこととなり、損害賠償請求は棄却される。これは、意匠権侵害の事実については意匠権者の側に証明責任があることを意味する。

　このように証明責任は、特定の主要事実ごとに当事者の一方に割り当てられることとなるが、その割当ての基準が問題となる〈証明責任の分配（配分）の問題〉。この点、実務は、原則として法律要件分類説に立っていると考えられている。

　法律要件分類説とは、一定の法律効果を主張する者はその効果の発生を基礎付ける適用法条の要件事実について証明責任を負うとする見解をいう。

　具体的には、権利根拠規定（権利の発生を定める規定）については、権利の発生を主張する者、権利障害規定（権利の発生を妨げる規定）、権利消滅規定（発生した権利の消滅を定める規定）についてはそれらを主張する者が証明責任を負うとされる。

　そして、一般に、本文とただし書からなる規定については、ただし書の事実については本文で認められた法律効果を争う者に証明責任があると解されている。例えば前述の例で、被告が専用実施権を有していれば侵害の事実は否定される（意23条ただし書）。これは権利の発生を妨げる規定といえるので被告に証明責任がある。

---

(5) ある事実の存在につき裁判官に一応確からしいとの心証を得させようとする行為をいい、裁判官に確信を得させようとする行為である「証明」と異なる。

point解説

否認と抗弁

　否認とは、防御方法として相手方に証明責任がある事実を争うことをいい、**抗弁**とは、相手方の主張を前提としながら、防御方法として被告に証明責任がある別の事実を主張して争うことをいう。両者は、ともに相手方の攻撃に対する防御方法であるという点で共通する。しかし、定義から明らかなように主張する事実の証明責任の所在が異なるのである。

　本文に挙げた例で示せば、原告の意匠権侵害の主張に対して、被告が「原告の登録意匠とは類似しない」という事実を主張した場合、これは「否認」に当たる。なぜなら、侵害の事実は相手方たる原告に証明責任があるからである。

　これに対し、意匠権侵害の主張に対して、被告が「専用実施権を有するので侵害とならない」という主張をした場合、これは「抗弁」に当たる。なぜなら、これは相手方の主張する「原告の登録意匠と類似する」という事実を前提としながら、被告に証明責任のある別の事実を主張するものだからである。

　なお、抗弁に対抗する更なる抗弁を再抗弁という。例えば被告の専用実施権が存在する旨の主張に対し、原告が専用実施権の登録は無断でなされたもので無効である旨の主張がこれに当たろう。

法律上の推定と事実上の推定

　「法律上の推定」とは、推定の経験則が法規化され、法規の適用として推定が行われるものをいう。例えば「Aなる事実（前提事実）があるときは、Bなる事実（推定事実）があるものと推定する」と法規に規定されているような場合である（これを法律上の事実推定というが、このほか、Bが権利である場合を特に法律上の権利推定という。）。

　産業財産権法においては、過失の推定規定（特103条）がこの例に当たり、「他人の特許権又は専用実施権を侵害した者は、その侵害の行為について過失があったものと推定する」と規定する。

　法律上の事実推定は、一般に、Bなる事実（本条では「過失があった」という事実）が証明困難な場合に、証明の容易な前提事実（本条では「侵害」の事実）の証明で足りるとするものであり、証明主題の選択を許す点（Bなる事実を立証してもAなる事実を立証しても同じということ）において政策的に挙証者の証明責任を緩和して当事者間の公平を図る法技術といえる。

　この場合、推定事実（B）は「みなす」（擬制）のではなく（本書

146頁参照)、「推定」するにすぎないので、相手方（被疑侵害者）は推定事実（B）すなわち「過失」の不存在を立証して対抗することができる。しかし、この立証は、「本証」（証明責任を負う当事者が行うべき立証活動であり、裁判官を確信に抱かせるような立証を要する。）でなければならないので、立証責任が転換されたのと同様の効果を生ずることになる。なお、前提事実（A）（「侵害」の事実）については、権利者の側に証明責任があるので、相手方（被疑侵害者）は「反証」〈証明責任を負わない当事者が行うべき立証活動であり、裁判官の確信を崩し真偽不明（本書113頁）に持ち込む立証で足りる。）できればよい。

以上と区別しなければならないのが「事実上の推定」である。事実上の推定とは、法律に規定があるわけではないが、一般に「Aなる事実があるときは、Bなる事実があるものと推認される」という経験則が存在するような場合をいう。特にその経験則が高度の蓋然性を持つ場合を「一応の推定（表見証明）」という。具体的には、定められた場所に停泊していた船舶に他の船舶が衝突した場合には、他の船舶を運転していた者の過失が推認される、というような場合である。

（7）判決等による訴訟の終了

① 訴訟の終了の種類

　訴訟の終了は、当事者の意思による終了と判決による終了の2つに大別できる。前者としては、訴えの取下げ、訴訟上の和解、請求の放棄、請求の認諾がある。また、後者には、訴訟判決と本案判決がある。

　訴えの取下げとは、訴えを撤回する旨の裁判所に対する意思表示をいい、**訴訟上の和解**とは、訴訟の係属中、当事者双方が訴訟物についての主張を譲り合って訴訟を終わらせる旨の期日における合意をいい、**請求の放棄**とは、請求に理由があることを認めて争わない旨の期日における原告の意思表示をいい、**請求の認諾**とは、請求を認めて争わない旨の期日における被告の意思表示をいう。

　これらは、いずれも前述した処分権主義から認められるものであり、訴訟終了の場面における処分権主義の現れといえる。

　他方、**訴訟判決**とは、訴えを不適法として却下する判決をいい、請求の当否について判断（これを「本案」という。）する前段階で訴訟を打ち切るもので、「門前払い」の判決ともいわれる。また、**本案判決**とは、請求の当否について判断する判決をいい、請求を理由「あり」とする請求認容判決と「なし」とする請求棄却判決がある。

　なお、審判では、訴えの取下げに対応する請求の取下げは認められるものの、それ以外の当事者の意思による終了は認められないと解されている[6]。対世的効力を有することになる審判の帰趨を当事者のみに委ねるのが妥当でないからであろう。

② 判決の効力

　判決が確定すると既判力が生ずる（民訴114条[*]）。**既判力**とは、確定判決の判断内容に与えられる後訴に対する通用性ないし拘束力をいう。既判力が生ずると、後に提起された訴訟において裁判所は既判力の生じた判決内容と矛盾抵触した判断をすることが許されなくなり（積極的作用）、また、当事者も既判力と抵触する主張・立証が許されなくなる（消極的作用）とされる。

　これは、仮に矛盾する判断や主張・立証が許されると先の判決の意味がなくなり、紛争が蒸し返されることで訴訟制度の目的に反する結果となるからである。そして、このような効力が正当化されるのは、当事者に十分な手続保障の機会が与えられた以上、その結果について自己責任を負うべきだからである[7]。なお、既判力については、客観的範囲（判決のどの部分に生ずるのか）の問題、主観的範囲（誰が拘束を受けるのか）の問題、時的限界の問題など様々な重要論点があるが、いずれも知的財産法において問題になることは少ないので割愛する。

---

(6) 特許庁編・前掲153条の解説参照
(7) 正当化根拠説と呼ばれ、近時の多数説である。

（8）上訴

　上訴とは、裁判の確定前に、上級裁判所に対して、原裁判の取消し・変更を求める不服申立てをいう。誤判を防止して手続保障を図る趣旨から認められるものである。

　上訴には、控訴、上告、抗告の３種類がある。**控訴**とは、第一審の判決に対する不服申立てをいい、**上告**とは、第二審（控訴審ともいう。）の判決に対する不服申立てをいい、**抗告**とは、判決以外の裁判である決定・命令に対する不服申立てをいう。

　なお、ここで**決定**とは、裁判所が行う付随的事項の裁判をいい、具体例として文書提出命令が挙げられる〈条文見出しには「命令」とあるが、命ずる主体は「裁判所」であり、「決定」の一つである（民訴223条１項前段参照）〉。

　また、命令とは、裁判長など単独の裁判官が行う付随的事項の裁判をいい、例えば民事訴訟法137条２項に規定する訴状不備の場合の却下がある。

　控訴審の審理は続審主義により行われる（民訴298条１項）。

　続審主義とは、第一審で収集された裁判資料を前提として、更に控訴審で収集される資料を加えて不服申立ての当否を判断する建前をいう。訴訟経済を図る趣旨から認められるものである。

　これに対し、控訴裁判所が第一審とは無関係に自ら収集した資料のみに基づいて一審判決の当否を判断する建前を**覆審主義**という。覆審主義は現行法の採用するところではない。

（9）多数当事者訴訟

　これまでは、２当事者という基本的な訴訟形態を前提として説明してきたが、民事訴訟では、当事者が複数になったり、訴訟物が複数になったりする場合がある。

これを複雑訴訟と呼ぶことがある。産業財産権法で問題になるものの多く
は当事者が複数になる訴訟であり、これを多数当事者訴訟という。

以下では、多数当事者訴訟のうち、産業財産権法に関連の深いものを取り
上げることとする。

① 共同訴訟

共同訴訟とは、１つの訴訟手続に複数の原告又は被告が関与する訴訟形態
をいい、必要的共同訴訟と通常共同訴訟の２種類がある。このように共同訴
訟が認められるのは、重複審理を回避することで訴訟経済が図られるととも
に、関連する紛争を統一的に解決することができるからである。

ここで必要的共同訴訟とは、判決が各共同訴訟人に合一に確定することが
要求される（すなわち個別に判決が出ると判決同士で矛盾するおそれがあ
る。）共同訴訟をいい、固有必要的共同訴訟と類似必要的共同訴訟の２種類
がある。必要的共同訴訟の場合、訴訟経済は従たる目的にすぎず、判決の矛
盾を防止するという点が主たる目的となる。

固有必要的共同訴訟とは、関係者全員が共同しなければ当事者適格を欠く
ことになる必要的共同訴訟をいい、関係者全員を当初より訴訟に関与させる
という点で手続保障の意味も持つ。

類似必要的共同訴訟とは、各人が単独で訴え、又は訴えられることもでき
るが、数人の者が訴え、又は訴えられる場合には、共同訴訟形態をとる必要
がある必要的共同訴訟をいい、判決の矛盾防止が主目的である。

これに対し、通常共同訴訟とは、本来個別に提起し得る訴訟を便宜的に共
同訴訟とすることが認められる場合をいい、判決の合一確定の要請がない場
合である。重複審理回避という訴訟経済を図ることが主目的である。

産業財産権法においてこれらの共同訴訟形態が問題となるのは、特許権等
の産業財産権が共有の場合に、審決等取消訴訟の提起を全員で行う必要があ
るかという場面である。

point解説

再度の考案

適法に抗告を原裁判所に提起すると原裁判所は自ら抗告の当否を審査して理由があるときは原裁判を取消し・変更できる（民訴333条*）。これを「再度の考案」といい、上級審の負担を軽減するとともに、訴訟の迅速を図る趣旨といわれる。民事訴訟法の教科書では、それほど大きく取り上げられない幾分地味な制度であるが、産業財産権法の世界では、審査前置制度（特162条）がこの制度を参考にしたということもあって、有名な制度である。

この点、最高裁は、設定登録前後で分けており、設定登録前の拒絶審決取消訴訟については固有必要的共同訴訟に当たるとし（最判平成7年3月7日）、他方、設定登録後の無効審決取消訴訟等の権利が消滅する場合については権利者各人の訴訟提起は保存行為であるとし、類似必要的共同訴訟に当たるとした（最判平成14年3月25日等）。

なお、共同審判では、類似必要的共同訴訟に類するものと固有必要的共同訴訟に類するものが規定されている（特132条1項・2項・3項）。

② 訴訟参加

訴訟参加とは、係属する他人間の訴訟へ第三者が訴訟行為をするために加入することをいい、補助参加、共同訴訟的補助参加、独立当事者参加、共同訴訟参加の4種類がある。これは、共同訴訟と同様、重複審理を回避することで訴訟経済が図られるとともに、関連する紛争を統一的に解決することが期待されて認められるものである。

補助参加とは、係属中の訴訟の結果につき利害関係を有する第三者が当事者の一方を勝訴させるために訴訟に参加する形態をいい（民訴42条*）、訴訟の判決効が自己に及ぶわけではないが、被参加人の勝訴を通じて間接的に自己の利益を守るための制度である。

　共同訴訟的補助参加とは、明文の規定はないが異論なく認められている参加形態であり、訴訟の判決の効力が第三者にも及ぶ場合にこの第三者が補助参加する形態をいい、判決効が及ぶということから、手続保障の見地より、解釈上補助参加人よりも強い地位が認められている。

　独立当事者参加とは、係属中の訴訟に利害関係を有する第三者が原被告双方（これは三面訴訟となる。）、又は一方に請求を定立して当事者として訴訟に参加し、原告の請求と同時に、かつ、矛盾のない判決を求める参加形態をいい（民訴47条*）、同一の法律関係についての三者間の紛争を一挙に矛盾なく解決しようとするものである。

　共同訴訟参加とは、係属中の訴訟に当事者適格を有する第三者が原告又は被告の共同訴訟人として参加するもので、参加により必要的共同訴訟となる（民訴52条*）。

　産業財産権法では、これらのうち、審判において共同訴訟的補助参加と共同訴訟参加に類似する参加形態が認められている（特148条3項・1項）。

第**8**章

行政法

（1）行政法とは

　行政法というのは、「行政」に関する法の総称であり、「行政法」という名前の法律（法典）があるわけではない。ここで「行政」とは、国家作用のうちから立法作用と司法作用を除いたものをいう（控除説・通説）。行政法をどのように分類して考察するかについては諸説あるが、本書では行政作用法、行政救済法、行政組織法という分類に従う。

　行政作用法とは、行政活動の根拠を定め、活動を規制する法であり、行政救済法とは、違法、不当な行政活動の是正、行政活動によって生じた損失・損害を補填する法をいい、行政組織法とは、行政活動を行う組織を定める法をいう。

　行政法も「秩序の維持」を目的にしている点では他の法律と異なるところはない。具体的には、違法・不当な行政活動から国民の権利利益を保護すること（自由主義の現れ・本書15頁）、及び国民の権利利益を増進すること（福祉国家理念の現れ・本書16頁）によって「秩序の維持」を達成しようとしているといえる。前者は、消極的国家時代以来の最低限度の要請であり、後者は、積極国家化した現代における要請である。

　産業財産権は、権利（独占排他権）の発生に行政処分が介在するという一般の財産権と異なる特殊性を持つ。

産業財産権法は、そのような行政処分の根拠となる実体的要件を定め、審査官等の活動を規制しているので行政作用法の一つといえる。

また、審査の過誤については、それを是正するための審判、審決等取消訴訟制度などが設けられており、この部分は行政救済法の一種である（行政救済に関しては、一般法たる行政不服審査法、行政事件訴訟法が存するので、産業財産権法はこれらの特別法になるといえよう。）。また、審判官について定めた規定（特136条）などは行政組織法に分類可能と考えられる。

（2）行政上の法律関係

行政上の法律関係は、伝統的通説によると次のとおり3つに分類される。

① 租税の徴収など優越的な意思の主体として私人に対する関係である「権力関係」（本来的公法関係ともいう。）。

② 公園の管理など行政庁が公の事業又は財産の管理主体としての私人に対する関係である「管理関係」（伝来的公法関係ともいう。）。

③ 行政庁が文具を購入するなど私人の行為と全く異ならない行為である「私法関係」。

そして、権力関係には私法規定（民法等）の適用がなく、管理関係と私法関係には私法規定の適用が認められるとされてきた。これは、公法と私法が本来、別個の法体系であるという前提に立脚するものである（公法・私法二元論）。この立場は、行政事件訴訟法と民事訴訟法という2つの訴訟手続があるので、その適用関係を定める必要性などを論拠とする。

この伝統的通説を前提にして産業財産権法をみると、まず、出願手続における特許庁と出願人の関係は「権力関係」に当たることになる。したがって、この分野において民法等の私法規定の適用は原則としてないことになる。他方、産業財産権を財産権として取り扱う場面、例えば特許権の譲渡や侵害に対する損害賠償請求等は、私人と私人の間の問題であり、これは行政法の守備範囲ではなく一般法たる民法の適用があることになる（本書27頁も参照）。

このように考えると、出願手続のような対特許庁の場面で、特許法に規定がないという理由で民法を持ち出すことはできず、民法を持ち出すことができるのは財産権としての取扱いの場面ということになる。すなわち、一般法と特別法という形で整理すれば、出願手続のような対特許庁の場面の一般法は行政法であり、産業財産権を財産権として取り扱う場面の一般法は民法であるといえよう。

　もっとも、これは伝統的通説を前提とした場合である。近時では、国民主権原理（本書17頁）の下で行政と私人で前者に優越的地位を認める根拠はないなどを理由として公法・私法二元論は批判され、伝統的通説の立場を維持する見解は少ない。

　したがって、いわゆる「権力関係」といわれる場面であっても民法等の私法規定を適用又は類推適用（本書41頁）すべきかどうかは当該関係を規律する法律の目的などから当該場面ごとに、個別的に解釈して決すべきという見解が有力である。

　産業財産権法の出願手続のような対特許庁の場面においては、例えば錯誤による出願の無効の主張（民95条*）、詐欺・強迫を理由とする出願の取消し（民96条1項*）などが認められるかなどが問題となろう。

（3）法律による行政の原理

　「法律による行政の原理」（単に法治主義ということもある。）とは、行政活動は、法律の定めるところにより法律に従って行わなければならないという原則をいう。これは、行政法の最も基本的な原理・原則である。行政活動の範囲は広い（控除説）上、直接国民の権利・義務に影響を与えるものが多い。この原則は、そのような行政活動から国民が不当に権利を制限されることのないようにしようという自由主義理念の現れである。また、行政活動を国民の代表者の決定したルールに従わせるという意味で民主主義の理念の現れでもある。

　もっとも、全ての行政活動に法律の根拠が必要であるとすると社会の急激な変動に行政が対処することが困難となり、かえって国民の利益にならない可能性がある（例えば災害を受けた地域への救済に際し、法律がないので救済できないなど。）。

　そこで、伝統的通説及び実務では、国民の権利利益を制限・剥奪したり、義務を新たに課するような行政活動にのみ法律の根拠が必要であると解している（侵害留保説）。

　産業財産権行政にも法律による行政の原理は当然に妥当する。例えば出願された発明等につき、法律で定められた拒絶理由以外で拒絶査定することができない（特49条等）のも、この原理の現れの一つと見ることができよう。

（4）行政作用法

① 総論

　行政作用の分類の仕方には様々なものがあるが、最も一般的な分類の仕方は行政活動の形式による分類である。

　具体的には、行政立法、行政行為のほか、様々な形式があるが、産業財産権法を理解する上でとりあえず必要と考えられるのは行政立法と行政行為の2つであるため、以下ではこの2つを説明する。

② 行政立法

　（ⅰ）**行政立法**とは、行政機関が法条の形式をもって一般的・抽象的な規律を定めること、又はその規律そのものをいう。法律が厳格な形式で慎重な審議の上で制定されるものゆえ、社会の変動に臨機応変に対応するのが困難であるのに対し、行政立法によれば弾力的な対応が可能となる。

　また、専門技術的判断を要する事項については、国民一般（国会）よりも、専門集団である行政権に任せるほうがより適切な判断を期待できるともいえる。このような理由から行政立法が必要とされるわけである。

行政立法の法的根拠としては、憲法73条6号＊がその存在を予定している点に求めることができる。

（ⅱ）行政立法は、法規命令と行政規則に分類される。**法規命令**は、行政機関の定立する規律のうち、国民の権利義務に関するもの、すなわち外部効果を有するものをいい、これはさらに、法律の委任に基づく委任命令と手続に関する執行命令に分類される（本書24頁参照）。

なお、執行命令は委任命令のように新たな権利義務を定めるものではないので法律の委任は不要とされるが、これらの区別は必ずしも明確なものではないともいわれている。

これに対して**行政規則**とは、行政機関の定立する規律のうち、国民の権利義務に関係しないもの、すなわち外部効果を有しないものをいい、いわゆる通達などがこれに当たる。

産業財産権行政では、特許庁における審査基準などが行政規則といえる（コラム26頁も参照）。行政規則は、国民の権利義務に関係しない、言わば内部のためのものであるから、前述した法律による行政の原理に照らしても法律の根拠なく作成することができる。また、国民の権利義務に関係しないので、審査基準自体に不服があっても裁判所に不服を申し立てることは原則としてできない。

③ 行政行為

（ⅰ）**行政行為**とは、行政庁の行う行為のうち、直接かつ一方的に国民の権利義務を変動させることが法律上認められているものをいう。行政行為は、行政法学上、最も重要な概念と考えられてきた。それは、定義のとおり、直接かつ一方的に国民の権利義務を変動させる行為ゆえ、国民の権利利益保護という自由主義的観点から最も監視が必要な行政活動であり、また、行政行為は民事訴訟では争えず、特別の訴訟（本書131頁参照）によらなければならないとされているからである。

　行政行為概念は、講学上の概念である。実定法では「行政行為」という用語は用いられておらず、「処分」や「許可」などの用語を用いるのが一般である。

　産業財産権法では、拒絶査定や審決などが行政行為に当たる。行政行為か否かが過去に問題となったものとして「判定」がある。判定は前述の行政行為の定義にあるように「直接かつ一方的に国民の権利義務を変動させることが法律上認められているもの」とはいえず、鑑定的意見の表明にすぎないと考えられる。したがって、行政行為、すなわち行政処分に当たらないというのが通説・判例である。

　（ⅱ）行政行為には、一般に4つの効力があるといわれる。いわゆる公定力、不可争力、不可変更力、執行力である。もっとも、過去には行政行為であれば当然にこれらの効力を備えると考えられていたこともあったようであるが、現在では、法律の明文又は解釈により認められるものと考えるのが一般的である。

　これらのうち、前三者は訴訟法との関係が強いので後述する（本書132頁）。執行力とは、行政庁が行政行為の内容を裁判所の力を借りずに自ら実現することができる効力をいい、例えば税金の滞納者に対しては、財産を差し押えて公売処分で換金して税金滞納分に充当することが認められている。

　産業財産権法の世界では、特許法170条に「費用の額の決定の執行力」という見出しの付いた条文がある。しかし、これは当事者系審判で費用負担をしなければならないはずの当事者が支払を遅延している場合などに他方の当事者が民事執行法の規定に従って、強制執行できるということを定めたものである。

　したがって、「行政庁が行政行為の内容を裁判所の力を借りずに自ら実現する」という話とは異なる。よって、この条文は前述した意味での執行力の条文ではない。

（5）行政救済法

① 総論

　行政救済法というのは、違法、不当な行政活動の是正、行政活動によって生じた損失・損害を補塡するための法律であることは前述した。このうち、違法（不当）な行政活動是正のための一般法となるのが、行政不服審査法と行政事件訴訟法である。もっとも、行政不服審査法は、裁判所に救済を求めるのではなく、行政庁に求めるものである。

　他方、行政事件訴訟法は、「訴訟」の文言があることからも明らかなように、行政庁ではなく裁判所に救済を求めるものである。

② 行政不服審査法

　行政不服審査法は、行政庁の違法・不当な処分（前述した「行政行為」とほぼ同じと考えてよい。）に対し、行政庁に対する不服申立てを認める法律である（行審法1条1項*）。行政不服審査法は、行政庁に対する不服申立ての一般法である（行審法1条2項*）。

point解説

行政手続法

　行政手続法は、行政活動の手続に関する一般法である（行政手続法1条*）。行政手続とは、行政活動の意思形成の過程をいい、行政手続法は、その手続に国民を関与させることで国民の権利利益の保護に資することを目的としている。行政手続法は一般法であるから、本来、産業財産権法における各種手続についても適用されるのが筋であるが、産業財産権法では行政手続法の規定を適用しない旨の規定が設けられている（特195条の3）。

　これは、産業財産権法では既に行政手続法と同等か、あるいはそれ以上に手続が整備されているからであり、あえて行政手続法を適用するまでもなく、国民の権利利益の保護は十分に図られていると考えられたためであろう。

　この法律の目的は、簡易迅速な手続による国民の権利利益の救済と行政の適正な運営を確保する点にある（行審法1条1項）。手続が訴訟と比較して簡易で行政事件訴訟法と異なり、不当な処分にも不服申立てできるという利点を持つ。もっとも、同じ行政権内部での審査であるため、あくまで自己反省を促すにすぎず、裁判所のような中立公正な判断を必ずしも期待できないという限界もある。

　この法律の認める不服申立ては、3種類ある。審査請求、異議申立て、再審査請求である。**審査請求**とは、行政庁の処分等に対して処分庁以外の行政庁に対して不服を申し立てる手続をいい、**異議申立て**とは、行政庁の処分等に対して処分庁に不服を申し立てる手続をいい、**再審査請求**とは、審査請求の結果（これを裁決という。）に不服のある者が更に不服を申し立てる手続をいう。

　行政不服審査法は、審査請求中心主義を採用しているといわれる。審査請求中心主義とは、不服申立ては審査請求が原則となるという建前をいう（行審法6条3号参照）。その理由は、処分庁に対して不服を申し立てるよりもそれ以外の行政庁に対して申し立てたほうが、より公正な審理判断を期待できるからである。

　産業財産権法では、行政庁に対する不服申立てとして、行政不服審査法の特別法といえる審判制度を設けている。したがって、この限りで一般法たる行政不服審査法は排除されることになる（特195条の4参照）。仮にこのような特別の規定・制度がないとした場合、例えば拒絶査定を受けた者が不服を申し立てたいときは、特許庁長官に審査請求するという方法が原則となると考えられる。

　他方、審判制度の存しない特許庁長官の裁定（特83条・92条）に対する不服などは原則どおり行政不服審査法による。

　なお、行政不服審査法上の審査請求と特許出願の出願審査請求（特48条の3）とはそれぞれ混同しやすいので注意が必要である。

③ 行政事件訴訟法

　行政事件訴訟法は、行政庁の違法（不当な処分は含まない。）な処分に対し、裁判所に対する訴えを認める法律である。

　行政事件訴訟法は、行政庁の違法な処分に対して裁判所に対して訴えを提起する場合の一般法である（行訴1条*）。もっとも、行政事件訴訟法は7条*において「この法律に定めがない事項については、民事訴訟の例による」と規定し、実際上は民事訴訟法が適用される場面が多いことは既に述べたとおりである（本書104頁参照）。

　この法律の目的について明文の規定はないが、一般に、慎重・公正な手続による国民の権利利益の救済と行政の適正な運営を確保する点にあると解されている。裁判所による中立公正な判断を期待できるという利点があるが、手続が煩雑で時間もかかるという点が難点であるといわれる。

　行政事件訴訟法では、抗告訴訟、当事者訴訟、民衆訴訟、機関訴訟という4種類の訴訟類型が法定されている。

　抗告訴訟とは、行政庁の公権力の行使に関する不服の訴訟をいい（3条）、**当事者訴訟**とは、当事者間の法律関係を確認し、又は形成する処分又は裁決に関する訴訟をいう（4条）。また、**民衆訴訟**とは、国又は公共団体の機関の法規に適合しない行為の是正を求める訴訟をいい（5条）、**機関訴訟**とは、国又は公共団体の機関相互間における権限の存否又はその行使に関する紛争についての訴訟をいう（6条）。

　これらのうち、抗告訴訟が原則的訴訟形態であり、抗告訴訟には、取消訴訟（3条2項・3項）、無効等確認訴訟（3条4項）、不作為の違法確認訴訟（3条5項）、義務付け訴訟（3条6項）、差止め訴訟（3条7項）の5種類のほか（それぞれの制度の内容は各条文を参照されたい。）、法定外抗告訴訟（無名抗告訴訟ともいい、法律に規定されていない形式の抗告訴訟のこと。）も認められると解されている。抗告訴訟のなかでは、取消訴訟が原則形態であるといわれる（取消訴訟中心主義）。

　産業財産権法の査定系審決の取消訴訟は、抗告訴訟の一種と解して問題はないが、当事者系審決の取消訴訟については、抗告訴訟か当事者訴訟かについて争いがある。当事者系審決の取消訴訟では、行政庁が当事者とならず、私人同士で争うという形式面を考慮して当事者訴訟と解するのが通説的見解である。

④ 公定力、不可争力、不可変更力

　公定力とは、行政行為はたとえ瑕疵があって違法であっても権限ある国家機関がこれを取り消さない限り、原則として有効として取り扱われるという効力をいう。

　このような効力を認める明文の規定はないが、仮に違法であれば無効なものとして扱えるとすると行政事件訴訟法において取消訴訟の制度を定めたことが無意義となってしまう。

　そのため、このような手続の定めが置かれていること自体が公定力の存在を前提とするものと考えられている。そして、このような出訴期間を何ら手続をすることなく経過すると、もはや公定力を破る手段がなくなる。これを「不可争力が生じた」という。

　もっとも、従来は行政行為の瑕疵の度合いが余りに強い場合には、例外的に公定力も不可争力も生じないとされてきた。これが**行政行為の無効**である。

　いかなる場合に無効といえるかが問題となるが、判例・通説は、重大かつ明白な瑕疵がある場合に、その行政行為を無効としている（重大明白説）。すなわち、行政行為の根幹に関わる重要な要件に瑕疵があり、外形上客観的に明白な瑕疵があれば、その行政行為を無効とし、公定力や不可争力を否定するわけである。

　産業財産権法では、特許処分等に行政法でいうところの公定力なるものが認められるかどうかが問題となる。

この点、法が無効審判制度を設けた趣旨から、特許処分等にも公定力が認められると一般に考えられてきた。

しかし、いわゆるキルビー判決を受けた平成16年改正の特許法104条の3の導入により、無効審判により無効にされるべきものと認められる場合には無効の主張が認められるに至った。そのため、その範囲で特許処分の公定力は縮減されたといえる。

また、行政法の一般原則のとおり、特許処分等に重大かつ明白な瑕疵があるような場合には、無効審判を請求することなく無効である旨の主張が許されると考えてよかろう。重大かつ明白な瑕疵があるような事例は考え難いとも思えるが、例えば設定登録前に取り下げられていた出願につき、誤って登録されていたような場合などはこれに当たるといえよう。

なお、**不可変更力**とは、権限ある機関が裁断した事項は、自らその判断を覆し得ないという効力をいう。明文はないが不服申立制度の意義没却防止のため認められるもので、一般の行政行為ではなく紛争裁断作用のある行政行為、例えば行政不服審査法における異議申立ての決定や審査請求に対する裁決に認められると解されている。

産業財産権法では、準司法手続といえる審判の審決にこのような効力が認められ得るであろう。

⑤ **国家補償法**

行政救済法のうち、行政活動によって生じた損失・損害を補填するための法を国家補償法という。具体的には、損失補償制度と国家賠償制度である。

損失補償制度とは、適法な行政活動により生じた特別の損失につき社会全体の負担で填補する制度をいう。もっとも、「損失補償法」という一般法があるわけではなく個別の補償規定があるのみである。個別の補償規定を欠いている場合でこのような特別の損失があれば、憲法29条3項*に基づいて直接裁判所に損失補填を求めることができると一般に考えられている。

　これに対して国家賠償制度は、違法な行政活動により生じた損害につき国家が賠償責任を負うとする制度であり、国家賠償法という名前の法律が一般法となっている。

　いずれも、産業財産権法で問題になることは余り多くないといえよう。

（6）行政組織法

① 総論

　行政組織法とは、行政活動を行う組織を定める法をいう。行政組織法というのも「行政活動を行う組織」を定める法の総称であり、「行政法」と同様、そういう名前の法律（法典）があるわけではない。具体的な法律としては、内閣法、国家行政組織法などがある[1]。

　なお、特許庁の権限は、行政組織法の一つである経済産業省設置法に規定されている。

② 行政機関

　行政機関とは、行政主体（行政を行う権利義務を有する団体をいい、国、地方公共団体、特殊法人がこれに当たる。）のためにその手足となって現実に職務を行う機関をいう。さらに、行政機関は、行政庁、諮問機関、参与機関、監査機関、執行機関、補助機関に分類されるのが一般的である。

　ここで行政庁とは、行政主体の法律上の意思を決定し、外部に表示する権限を有する機関をいう。例えば経済産業大臣と特許庁長官がこれに当たる。また、諮問機関とは、行政庁から諮問を受けて意見を具申する機関をいう。各種審議会がこれに当たり、**工業所有権審議会**もこれに当たる（特85条1項参照）。諮問機関の答申は、法的には行政庁を拘束しない点に特徴がある。

---

(1) 行政組織法を広義に解せば、人的手段たる公務員法（例えば国家公務員法）や物的手段である公物法（例えば河川法）も含まれるが、産業財産権法との関連が薄いので説明は省略する。

これに対し、参与機関とは、行政庁の意思を拘束する議決を行う行政機関をいい、例えば電波監理審議会の議決に総務大臣の決定を拘束する力が認められている（電波法94条[*]）。監査機関とは、行政機関の事務や会計の処理を検査し、その適否を監査する機関をいい、会計検査院がこれに当たる。執行機関とは、行政目的を実現するために必要とされる実力行使を行う機関をいい、具体的には、警察官、自衛官がこれに当たる。これらの3機関は、産業財産権法とは余り関係のない機関である。

　最後に補助機関がある。補助機関とは、行政庁その他の行政機関の職務を補助するために、日常的な事務を遂行する機関をいい、課長も含め一般に公務員といわれる者の大部分はこの補助機関に当たる。

第**9**章

国際法

（1）国際法とは

　国際法は国際社会における「法」を意味する。これは国内社会における「法」を意味する国内法に対する概念である。

　前述した憲法や法律などの国内法が「国内社会の秩序」の維持を目的とするのに対し、国際法は「国際社会の秩序」を維持することを目的とする。すなわち、国内法が国家とその構成員である「国民」相互間をその規律の対象とするのに対し、国際法では原則として国際社会の構成員といえる「国家」相互間をその規律の対象とし、国民相互間を直接規律するものでない[(1)]点で相違しているといえる。

　交通・通信手段が発達した現代においては、国と国との距離が相対的に短くなり、人・物・資本という経済の三要素も国境を越えて移動・流通するようになった。このような状況は、1つの国の内部における分業体制を超えて、国と国とをまたぐ世界的な規模における分業体制を成立させる。この場合に、国と国の間に何の「決まり」もなければ争いが生ずることは必至であり、この点は人間と人間の間の関係と同様である。

---

(1)　2つ以上の国の国民相互間を規律するのは「国際私法」の問題であり、この実体は国内法である。

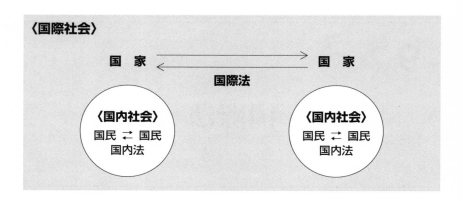

　そのため、国と国との関係である国際社会においても「人工的な秩序」が必要とされたのである。国内という狭い範囲にとどまらず、「人類全体の秩序維持」のためのこの国際法が今後ますます重要になるのは間違いないであろう。

　その意味で、国際法も「法」の一つであり[2]、究極的には個々の国の繁栄ではなく、「人間の共存・共栄」、すなわち「人類の発展」を目指すものであるといえる[3]。

　この国際法と知的財産法との関係は密接である。それは、知的財産法の対象が有体物でなく一種の「情報」であり、「国境を越えて流通することが比較的容易であるため、外国において模倣されやすい」という性質があることと関係する。

---

(2) 国際法は「法」か？
　　この点、前述したように「法」は「強制力」を伴うものであるという点から、国際法はその内容を強制する統一的な執行手続（我が国でいえば「強制執行」など）を持たないため、「法」の一つに含めてよいものか疑問であるという見解もある。しかし、強制力としては不十分であるかもしれないが、国際連合などの国際機関を中心とした国際的世論という事実上の圧力の存在（場合によっては国連の強制措置）などを考えれば、一定の強制力を有しているといえるため、「法」の一つに含めてよいであろう。
(3) 国際慣習を成文化した「条約法条約」は、個々の国家に優越する国際社会の一般的利益の存在を認めているといわれる（条約法に関するウィーン条約53条参照）。

これは、産業財産権に関する国際法の基本といえる「工業所有権の保護に関するパリ条約」の締結の契機となったのが、万国博覧会への出品物の外国における模倣であったことに象徴される。

（2）国際法の法源と分類

① 法源

国際法は主として条約と国際慣習から成立している。

条約とは、国家の間において文書の形式により締結される合意をいい、国際慣習とは、国家の間において一定の行為が慣行的に繰り返された結果として生じた黙示的な合意をいう。

このうち「条約」は、条約という言葉以外にも協定、規約、憲章、議定書、宣言、交換公文など様々な名称で呼ばれ、それぞれ別個のものと思われるかもしれないが、法的拘束力に差異はない。

point解説

TRIPS協定とパリ条約の関係

TRIPS協定（「知的所有権の貿易関連の側面に関する協定」）は「世界貿易機関（WTO）を設立するマラケシュ協定」の附属書である（1995年発効）。かなりの程度まで実体規定を盛り込み、権利執行手続までも規定しており、産業財産権関係の条約として画期的なものといわれる。マラケシュ協定は、いわゆるガット（GATT）を前身とするもので国際貿易を主題としている。すなわち、パリ条約とは独立・別個のものであり、無論、パリ条約の特別取極め（パリ19条）ではない。

なお、TRIPS協定2条1*では、パリ条約の規定の一部を遵守する旨を定めている。これは、パリ条約が産業財産権の保護に関する多数国間条約の基本をなすものであることから、その実体規定の遵守を最低限に要求するものである（「パリ・プラス・アプローチ」といわれる）。

② 条約の分類

　合意の当事国の条件として、最初の署名国に限定するか他の国の参加も認めるのかという観点から「閉鎖条約」や「開放条約」、当事者の数という観点から「二国間条約」や「多数国間条約」（後者のうち、全ての国が加わることを目的とするものを「一般条約」という。）、多数の国家に共通の準則を定めるものか当事国の相対立する意思表示を内容とするのかという観点から「立法条約」や「契約条約」などに分類される。

　この分類に従えば、例えば「パリ条約」はいずれの国も加入書を国際事務局長に寄託することにより、一定期間経過後、当然に加入の効果を生ずることとしているため（パリ21条）「開放条約」であり、当事国（パリ条約加盟国）が100か国を超える上、いずれの国の加入をも認める趣旨から「一般条約」であり、当事国が同盟を形成することとされている（パリ1条）。これは共通の一般的規範を成立させるものといえるため「立法条約」である。

（3）国際法と国内法との関係

① 国内法の妥当範囲（属人主義・属地主義）

　国内法の効力（及び管轄権）の及ぶ範囲についての考え方について、「人」を基準にする属人主義と、「領域」を基準にする属地主義の2つが存在する。

　属人主義とは、いずれの地にあるとを問わず、自己の所属する本国の法の適用を受け、管轄権が及ぶとする主義をいい、**属地主義**とは、自国民か他国民かを問わず、国の領域内にある限りその国の法の適用を受け、管轄権が及ぶとする主義をいう。

　歴史的には、古代において属人主義の傾向が強かったが[4]、領土観念が定着した近代以降には、領域主権の原則を基礎とする属地主義が原則とされるに至った。

---

(4) 古代ローマにおいては、ローマの市民法はローマ市民だけに適用された。

各国の知的財産法もその意味で、属地主義の適用がある。したがって、例えば日本国籍の船舶と航空機は、公海及びその上空にある限りにおいて知的財産法を含めた我が国の法律の適用を受け、外国領土に入ったときにはその国の法に従うことになる。

　一方、日本の港や空港にある民間船舶や民間航空機は、外国籍であっても原則として我が国の法律の適用があることになる[5]。

② 国際法の成立

　国際法には国際慣習と条約があるが、ここでは知的財産法に関連の深い条約の成立（締結手続）について説明することにする。

　条約の締結手続については、その条約自体が規定するのが通常であるが、全権委任状を持った代表者による交渉→条約の作成（起草）→署名（調印）→批准→批准書の交換又は寄託という手順が一般的である。

point解説

相互主義、最恵国待遇、内国民待遇

　相互主義とは、外国人に権利を与える場合に、その本国が自国人に同等の権利を与えることを条件とする主義をいう。これについては、特許法25条に規定がある。

　一方、最恵国待遇は、条約の当事国の一方が第三国に最も有利な待遇を与えた場合は、他方の当事国にも同等の待遇を与えることをいう。

　内国民待遇は、外国人に権利を与える場合に、自国民と同等の地位を与えることをいう。内国民待遇はパリ条約でも採用している原則である（パリ2条等）。

---

(5) 領空主権のため、領空を飛行しようとする外国航空機はその国の許可を受ける必要があることが原則であるが、飛行のたびに許可を受けることは不便であるため、一定の飛行について自由を認める条約が締結されている。それが、1944年に締結された国際民間航空条約（シカゴ条約）である。

　ここで、「**批准**」とは、作成された条約について、条約締結権限を有する機関が国家の意思を確定する手続のことをいう。これは、本来、全権委任状を持った代表者が委任の範囲内で行動したかどうかを確認するためのものであったといわれている。

　なお、パリ条約は「**加入**」について規定するが、「**加入**」は条約の作成に参加しなかった国（署名していない国）がそれに拘束されることに同意を表明し、条約に加わることをいう。この「加入」について規定していること自体が、パリ条約の一般条約としての性格の現れであろう。

③　国際法と国内法との効力の関係

　国際法は、原則として国家と国家の間を規律する「法」であるのに対し、国内法は、国家内部を規律する「法」である点でその規律の対象が異なること、また、成立過程においても国際法が合意によって成立することなどを考えれば国際法と国内法は別個の法体系であると解すべきであろう（二元論）。

　しかし、我が国憲法は「締結した条約及び確立された国際法規は、これを誠実に遵守する」（憲98条2項*）こととしているため、条約を遵守しようとする場合に憲法や法律と抵触・矛盾する場合が実際には生じ得る。この場合、条約と法律では条約が優位することにほぼ異論はない。条約と憲法ではいずれが優位かについて議論があるが、憲法優位説が通説・判例である。

　なお、産業財産権法では、法律と条約では条約が優位することを明文で規定している（特26条）。これは確認のための規定であり、仮にこの条文がなくても同様に解釈されるものと考えられる。

　もう一つの問題が、条約が条約締結手続以外に特別の措置を講ずることなく、国内裁判所等で直接に適用される[6]かどうかという点である。

---

(6) これを自動執行力（Self-executing）又は自己執行力という。

point解説

属地主義の原則と「特許独立の原則」の関係

産業財産権法において属地主義という言葉は複数の意味を含めて用いられているようである。特許権を前提に考えると、大別して①各国の特許権は国家主権に基づいて付与されるものゆえ、その成立、効力等については各国法によって定められ、かつ、その効力は各国の領域に限られる〈国家の領域主権の原則（領土主権の原則）を基礎に考えるもので、言わば国際法レベルの議論といえる。〉という意味と、②ある国における特許権の成立、効力等について法を適用する場合は、その特許権の所在国の法を適用する〈ある国で裁判を行う場合にどの国の法律に準拠すればよいかというもので、言わば国内法（国際私法）レベルの議論といえる。〉という意味が含まれているように思われる。

具体的には、例えば「パリ条約は属地主義の原則を是認しつつ成立した調整法的条約である」という場合は前者の意味で用いているものであろう。これに対し、「ドイツ人の日本における発明の実施行為が日本の特許権の侵害となるかは属地主義の原則により、日本の特許法によって判断すべきである」という場合は後者の意味で用いているものであろう。

ところで、当初のパリ条約上に

は、「特許独立の原則」の規定は存在しなかったところ、数箇国が外国人に付与した特許の効力及び存続期間を本国に依存させる事態が生じた。しかし、この措置は属地主義の原則に反するものとは必ずしもいえない。なぜなら、その国の領域内に付与する特許については、その国の統治権に基づいて自由に規定できるのが属地主義の原則であり（①の意味）、他国の特許に従属させることもその範囲と考えられるからである。そこで、このような相互依存的な措置を同盟国にとらせないために「特許独立の原則」を規定した（パリ4条の2）。

したがって、特許独立の原則は、特許の相互依存による特許権者の保護縮減を防止するために採用されたものであり（属地主義を制限する言わば例外規定）、という意義を有しているといえる。

なお、この規定の意義を権利の相互依存化防止と考えれば、外国で適法に入手した特許に係る製品を内国に輸入した場合に、内国に存する特許権の侵害となるかという問題（いわゆる真正商品の並行輸入の問題）は、この独立の原則とは直接の関係がないこととなろう。

　この点、我が国の憲法は、条約の遵守を明言していることから（憲98条2項[*]）、条約を何らの手続的措置を待たずに受容する体制をとっていると考えられるため[(7)]、条約自体の内容が明確で国の裁量の余地がなければ国内裁判所等で直接に適用されることになる。

　この代表的なものが優先権制度（パリ4条）である。これについて対応する国内法の規定は手続的な規定を除いて（特43条等）欠いており、条約が直接適用されることになる。したがって、同盟国の国民等は、裁判所等において条約を根拠に優先権の適用を求めることができる。

（4）国際私法

　国際私法（抵触法ともいう。）は、売買取引などで外国と関係のある法律関係について自国法と外国法が抵触する場合に、いずれの法を適用するか（準拠法）を決定する国内法である。我が国では、主として法の適用に関する通則法4条[*]以下に規定されている。

　例えば外国において日本人が外国の特許権を侵害する行為について、行為地たる外国の法律により不法行為を構成する場合でも（法の適用に関する通則法22条1項[*]）、特許独立の原則（パリ4条の2）により日本における不法行為とはならない（法の適用に関する通則法22条1項[*]）という趣旨の裁判例がある〈東京地判昭28年6月12日（『渉外判例百選〔三版〕』49事件）〉。

---

(7)　例えば英国などは、条約の国内適用のためには原則として国内法の制定をしなければならないこととしており、条約があっても国内法が存在しないために国内に適用できない事態が起こり得る。

point解説

知的財産管理技能士

　2008年から国家試験として実施されている知的財産に関する国家資格である。弁理士との違いを端的にいえば、弁理士は企業等の依頼者を「外部」から支えるプロであるのに対し、知的財産管理技能士は、例えば知的財産部など企業等の「内部」で支えるプロといえる。

　知的財産管理技能士には1級、2級、3級の区分があり、また、1級は特許とコンテンツに分かれている。いずれも試験範囲として知的財産法が入っているのは当然ではあるが、あくまで企業等で知的財産マネジメントを行う人材を対象としていることから、近年のグローバル化に対応して特に1級では米国特許に関する問題、中国特許に関する問題などが出題されるほか、法律のみならず知的財産の「戦略」や知的財産の「実務」に関する問題（例えば特許の出願書類やライセンス契約書を見て問題点を発見する等）が出題されるのが特徴である。

　この国家試験は、知的財産マネジメントに関する能力を国家が証明することで資格者の就職・昇進・転職に役立ててもらうことを目的としている。

　最近では弁理士資格を得てから知的財産管理技能士（特に1級）を目指し、また、逆に知的財産管理技能士となってから弁理士試験を受験する人がそれぞれ増加してきており、近い将来は双方の国家資格のダブルホルダーが真の「知的財産のプロ」といえる時代となりつつある。

基本法令用語

　法令は人間の行動を規制するものであるから、できるだけ明確である必要
がある。したがって、法令に用いられる用語としては曖昧なものは避けられ
るべきである。その意味で、一般の国語的な用法とは異なる法令独特の用語
というものも法の明確性を確保する上では必要とされる。

　以下、知的財産法に用いられている法令用語のうちで、主要なものを実例
とともに紹介する。

（1）みなす、推定する

　「AはBとみなす」とあった場合、A＝Bであり、AがBではないという
解釈を許さない趣旨である。一方、「AはBと推定する」とあった場合はこ
れと異なり、一応、法律上はA＝Bと考えるが、当事者がBの不存在につい
て立証することによってAがBでないという取扱いもあり得る。

　例えば特許法101条柱書の「次に掲げる行為は、当該特許権又は専用実施
権を侵害するものとみなす」とあるのは前者の例であり、この場合、当事者
が「次に掲げる行為」を行っている限り、いかなる反論をもってしても「侵
害」でないという取扱いにはならないことを意味する。一方、特許法103条
の「他人の特許権又は専用実施権を侵害した者は、その侵害の行為について
過失があったものと推定する」とあるのが後者の例である。

この場合、侵害者は過失がなかったこと（無過失）を仮に立証できれば、そのように取り扱われる可能性のあることを示している。

（2）又は、若しくは

「AとBのいずれか一方」という単純な選択で用いる場合は、「A又はB」を使い、「A若しくはB」という使い方はしない。「若しくは」は、「A又はB若しくはC」のように使われた場合、AとBとCのうち、BとCが同じグループにあることを示す。すなわち小さな接続に用いられる。

例えば商標法2条3項2号における「商品又は商品の包装に標章を付したもの」とあるのは、単純な選択を意味し、「譲渡若しくは引渡しのために展示し、輸入し、又は電気通信回線を通じて提供する行為」とあるのは、前半の譲渡と引渡しが同じグループにあっていずれか一方が「のために展示」にかかることを意味する。

（3）及び、並びに

「AとBの両方」という単純な接続の場合は、「A及びB」を使い、「A並びにB」といういい方はしない。

「並びに」は、「A及びB並びにC」のように使う。注意すべきは「又は」と異なり、小さい接続に「及び」を用いる点である。すなわちこの場合、AとBが同じグループにあることを示す。

例えば特許法43条の「パリ条約第4条D(1)の規定により特許出願について優先権を主張しようとする者は、その旨並びに最初に出願をし若しくは同条C(4)の規定により最初の出願とみなされた出願をし又は同条A(2)の規定により最初に出願をしたものと認められたパリ条約の同盟国の国名及び出願の年月日を記載した書面を特許出願と同時に特許庁長官に提出しなければならない」とあるのは、「最初に出願……同盟国の国名」と「出願の年月日」が同じグループにあることを意味する。

（４）者、物、もの

「者」は、自然人と法人のいずれか一方、又は双方を指す用語である。また、「物」は、外界の一部をなす物件を指し、「もの」は、通常は代名詞として用いられるが、語感の関係から「者」や「物」を意味する場合もある。

例えば意匠法６条の「意匠登録を受けようとする者」というのは、自然人と法人の双方を含む概念である。また、商標法２条３項５号の「役務の提供の用に供する物」という場合のこの「物」は、物理的な有形物を指すものと考えられる。さらに、商標法15条２号の「その商標登録出願に係る商標が条約の規定により商標登録をすることができないものであるとき」のこの「もの」は、先の「商標」の代名詞として用いられている。

（５）場合、とき、時

「場合」と「とき」は、ともに条件について「Aの場合」「Bのとき」のように用いるが、条件が加重されるとき、条件がAかつBのときは、「Aの場合において、Bのとき」のように、大きな条件に「場合」、小さな条件に「とき」が使われる。例えば特許法39条３項では「特許出願に係る発明と実用新案登録出願に係る考案とが同一である場合において、その特許出願及び実用新案登録出願が異なった日にされたものであるときは、……」と規定されている。

一方、「時」は、文字通り時点が問題になるときに用いる。例えば特許法44条２項の「前項の場合は、新たな特許出願は、もとの特許出願の時にしたものとみなす」という使い方である。

（６）適用、準用

両者ともある法令の規定に当てはめることをいうが、「適用」が本来の対象としている事項に当てはめるのに対し、「準用」が本来の対象と異なる事項に多少の読み替えを加えつつ当てはめることをいう点で相違する。

後者の例として、商標法13条2項は「特許法第33条及び第34条第4項から第7項まで（特許を受ける権利）の規定は、商標登録出願により生じた権利に準用する」と規定している。準用されているこれらの規定は、本来「特許を受ける権利」を前提としている規定のため、そのままの形で「適用」することはできない。そのため、多少の読み替えを行った上で当てはめることを意味しているのである。

（7）停止条件、解除条件

　条件とは、法律行為の効力の発生又は消滅を、将来の成否不確定な事実にかからせることをいう（将来の成否が確実な事実にかからせるものを「期限」という。）。このうち、効力の発生に関するものを停止条件、効力の消滅に関するものを解除条件という。

　例えば通常実施権の許諾に際し、将来当該特許権の有効性を争った場合には、通常実施権設定契約を解除するという制限を付した場合、これは解除条件である。

（8）権限、権原

　「権限」とは、私法上においてある法律関係を成立させ、又は消滅させることができる地位をいい、「権原」とは、ある法律行為又は事実行為をすることを正当とする法律上の原因をいう。

　前者の例としては代理権がある。代理が、他人のなした法律行為の効果を直接本人に生じさせる制度であることは既に述べた（本書57頁参照）。この効果を生じさせる前提として代理権が必要となる。代理権は原則として、本人と代理人の契約によって発生する（任意代理）が、この代理権の範囲を逸脱した場合には無権限で行った行為として通常は本人に効果が生じない。

　後者の例としては、「正当な権原なき第三者が特許発明を実施することが特許権の侵害である」という場合の「権原」である。

具体的に言えば、ここでいう「権原」に当たるものとして実施権や特許権の効力の及ばない範囲の実施であること（特69条）などが考えられる。

（9）その他、その他の

「その他」は、例えば「Aその他B」のように規定されている場合であり、AとBが並列の関係にある場合に用いる。これに対し、「その他の」は、「Aその他のB」のように規定されている場合であり、AがBという広い概念（名詞）に包含されているときに用いる。

例えば特許法36条7項では、「第2項の要約書には、明細書、特許請求の範囲又は図面に記載した発明の概要その他経済産業省令で定める事項を記載しなければならない」と規定されている。これは明細書、特許請求の範囲、図面に記載した発明の概要のそれぞれと経済産業省で定める事項とが並列の関係にあることを意味する。

これに対し、特許法34条5項では「特許を受ける権利の相続その他の一般承継があつたときは、承継人は、遅滞なく、その旨を特許庁長官に届け出なければならない」と規定されているが、これは一般承継というのが広い概念であり、相続はそれに含まれることを意味する。

◀付 録▶ 2
appendix

法律論文の基礎知識

　法律論文は、法律に関する研究論文（レポートを含む。）と大学や弁理士論文試験におけるような試験問題に対する小論文（いわゆる論文答案）に大別できると考えられる。そこで、以下では、法律に関する研究論文について簡単に述べ、理系の方が接する機会が多くなってきている法律の小論文に関してはやや詳しく説明することとする。

（１）法律に関する研究論文について

　およそ「研究論文」という以上は、学術的な研究成果を理論的に述べた文章でなければならない点では学問分野を問わず同じである。そして研究成果という以上は、何らかのこれまでにない「新しさ」が存在することを要し、さらに、それが理論的に述べられていなければならない。

　もっとも、学問分野が「法律」であるがゆえに他の学問分野とやや異なる点があるのもまた事実である。それは、「法律」というものの学問分野の特性からくるものもあれば、「法律」の学問分野における慣行的なものもある。

　そこで、以下では、法律に関する研究論文に特徴的なところを中心に述べることとする。

　① まず、法学という学問分野は広い意味では法哲学や法史学等の分野も包含するが、一般には法解釈学が中心であり、ここでもそれを前提とする。

　したがって、法解釈に関する研究論文には何らかの執筆者の解釈論の提示が行われていることになる。逆に言えば、執筆者の見解の提示が行われておらず、単に裁判例の動向を整理しただけであれば、それは「解説」と呼ぶのがふさわしいことになる。

　② 次に、およそ序論、本論、結論、謝辞や参考文献の順で論ずるというのは他の学問分野と同じである。ここで、法律の研究論文の場合、本論において立法者意思について述べることが重要と考えられている。立法者意思というのは、どのような目的でこの法律が制定されたのか（いわゆる立法趣旨）ということであり、立法趣旨が法解釈上（厳密には論理解釈上）で、最も重要な根拠の一つとなるからである（本書40頁参照）。

　なお、これは他の学問分野でも同様と考えられるが、過去にどのような研究が行われてきたかの「学説史」も重要と考えられている。

　また、学説史がなくとも少なくとも現在の学説の状況の整理と説明は一般に不可欠である。例えば通説、少数説、有力説等の現状の説明である。

　さらに、裁判例の指摘も重要である。裁判所は、法の解釈と適用を行うことで紛争を解決する国家機関であり（本書38頁）、裁判例は、その「裁判所の条文の解釈」を示すものだからである。一つの裁判例そのものを評釈[1]すること自体も一つの論文となるのはもちろんであるが、特定のテーマを論ずるに当たって関連する裁判例を取り上げることは通常不可欠とされている。

　その他、知的財産法のように「情報」を対象とし、簡単に国境を越えて問題が生ずる法分野では、外国学説等まで含めて検討する比較法的考察も重要である。

---

(1) 判例評釈という形式の論文は多数存在するのが通常であるが、最高裁判例の評釈に限っていえば、当該事件を担当した最高裁調査官が執筆する「最高裁判所判例解説」（法曹会）が重要である。

さらに、実態調査（例えば知的財産権の侵害事件の損害賠償額が過去に低額であった等。）も有効な場合が多い。

　最後に述べた比較法的考察や実態調査は、特に立法論を展開する論文で重要であるといわれている。知的財産法、特に産業財産権の世界は、経済社会の産業活動を主として規律する法律であるため、元々、経済学的（又は経営学的）視点が重要な分野と考えられ、このような実態調査を基礎にした論文は他の分野に比して重要といえるであろう。

　③　最後に、参考文献について簡単に述べる。特に引用文献の出典の示し方は、慣行といえるもの（法律編集者懇話会編「法律文献等の出展の表示方法」）があるのでこれに従うことが望ましい。

　まず、「雑誌論文」については、執筆者名・論文名・誌名・巻号頁（発行年）又は巻号（発行年）頁、「単独著書」の場合は、執筆者名『書名』頁（発行所、版表示、発行年）、又は（発行所、版表示、発行年）頁。「判例」の場合は、裁判所名・判決年月日・判例掲載雑誌の巻号頁。「定期刊行物の略称」については、例えば「パテント」（日本弁理士会発行）は「パテ」と表記する等である。

　ところで、文献を引用する場合、学説のプライオリティーを尊重する趣旨から、できる限り最初の提唱者の学説を引用すべきであるといわれている。

　また、「孫引き」（他者の本の引用部分について、原典を確認しないで自著で引用すること。）は、そもそも他者の引用が間違っていることもあるため、避けるべきとされており、無断孫引きの有無が論文評価の基準の一つとされている。

　なお、有名な言葉として「横綱とふんどしかつぎを並べるな」というものもある。これは、権威と呼ばれるような先生の学説と無名の（又は若い）先生の見解とを並べて引用すべきではないとするものである。それは文献の価値を評価する目がないと判断されてしまうからであるとされている。

（２）小論文（特に試験の答案）について

　小論文の場合、法律について書かれた文章であるという点においては、研究論文と共通するが、「研究成果」を述べるものではない点で異なる。すなわち研究論文の場合、自らテーマを設定すること自体に意味や価値があるが、小論文、特に試験の答案としての小論文の場合は、既に出題者側からテーマが設定されている。

　しかも、研究論文の価値が「新しさ」が重要なポイントであるのに対して、特に試験の答案では原則として「新しさ」ではなく「既にこの世の中に存在する」知見が身に付いているかどうかを主目的とする点でも異なるといえるであろう。

　したがって、試験の答案というのは、与えられたテーマ（問い）に対して、既存の知識を用いて理論的に（筋道立てて）答える文章ということになる。

　まず、法律の試験問題（法学部の試験や司法試験の論文試験、弁理士試験の論文試験等）では、一般にいわゆる１行問題というものと事例問題というものに大別されるのが一般的である。１行問題とは、「○○条（又は○○制度）について説明せよ」というような、問題文がおおむね１行程度で出題される論文問題形式をいうようである。

　これに対して、事例問題というのは、幾つかの事実が問題文として与えられ、その中で法的に意味のある事実を抽出し、法的三段論法[(2)]（本書37頁）を用いて問いに対して答える形式の問題をいう。

　以下では、後者の事例問題について詳細に説明する。

---

(2) 法の適用は全てこの論法を基本とする。弁理士試験の論文試験において近年事例問題が多いとされるのも、弁理士が仕事をする場である特許庁と裁判所はいずれも「法の適用」を任務とする点で共通する国家機関であるから「法の適用」の基本構造を理解していることは当然弁理士になろうとする者に要求されると考えることができる。

① 事例問題の出題意図について

　事例問題で出題者側が試そうとしている能力は、「具体的な事実」から関連する抽象的「規範」を発見・定立し、さらに、その事実を当該規範に「当てはめ」て結論を導き出すという過程を踏んで問題を解決することができるか。すなわち法的三段論法を使いこなせるか否かである。

　１行問題、特に「規範」、すなわち条文が先に与えられる問題では、その条文を解釈して具体的内容（あるいは具体例）を明らかにするというのが解答の流れであるから、「規範」→「具体的な事実」という思考に近い。

　しかし、事例問題では、「具体的な事実」→当該事実に関連する「規範」の発見という思考が要求される。このように要求されている思考のベクトルがほぼ逆であることは、意識しておくべき事項の一つである。

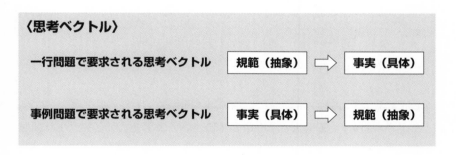

〈思考ベクトル〉

一行問題で要求される思考ベクトル　　規範（抽象）⇨　事実（具体）

事例問題で要求される思考ベクトル　　事実（具体）⇨　規範（抽象）

　特に弁理士試験の場合、研究者の卵を見つけ出すという試験ではなく、あくまでも実務家の卵を見つける試験である。実務家のところへ来る相談や依頼というのは、「商標法４条１項８号について説明してください」などというものではなく、「思い付いた○○という商標について登録を取りたいのですが……」といった極めて具体的な事件である。

　このように聞かれたときに問題となる条文等を発見し、適用可能性を検討して答えられる力が正に実務家たる弁理士に要求されるのであり、将来の実務家としての能力を図るというのが弁理士論文試験における事例問題の出題意図であるといえよう。

② 事例問題の具体例

　抽象的に述べても分かりにくいと考えられるので、具体的な事例問題を前提に説明していくこととする。以下は、商標法の４条１項８号に関する事例問題の例である。

　ちなみに、商標法４条１項８号は、「他人の肖像又は他人の氏名若しくは名称若しくは著名な雅号、芸名若しくは筆名若しくはこれらの著名な略称を含む商標（その他人の承諾を得ているものを除く。）」については、商標登録を受けることができない、という規定である。

> 〔問〕「中田英寿」という氏名を持つ者が、「中田英寿」という文字を商標登録出願する予定である。
> 　この者が当該出願により登録を受ける際に生ずる問題点について論ぜよ。
> 　なお、「中田英寿」という氏名と同姓同名の者はこの者以外多数人存在し、そのうちの１人が、著名なプロサッカー選手であるものとする。

　まず、本問が、「商標法４条１項８号について説明せよ」という１行問題であれば、事前にまとめている限り、何を書くべきかで迷うことはないであろう。

　しかし、仮に商標法４条１項８号について事前に勉強してまとめていた者であっても、「中田英寿」という氏名……出願により登録を受ける」という具体的な問題文を見て４条１項８号という条文を想起するのは意外と難しいものである。

　基本的に事例問題の解答は、法解釈上の問題点（「論点」と呼ばれる。）がない部分については、「事例分析」（法的に意味のある事実の抽出）→「規範の判断」（適用される条文の選択）→「当てはめ」（当該条文の要件への適用）→「結論」（効果の発生）というプロセスとなる。

例えば本問の事例ではないが、単純に「山田太郎」という氏名を持つ者が「中田英寿」という文字で商標登録を得ようとした場合を仮定して、以上の流れを示せば、以下のように書くこともできる。

〈本問では、「山田太郎」という人が「中田英寿」という商標登録を得ようとしている（**法的に意味のある事実の抽出**）が、4条1項8号の「他人」は「出願人以外の者」をいう（**規範の判断**）ので「中田英寿」は「他人」に当たり（**当てはめ**）、登録を受けることができない（**結論**）。〉（括弧内は説明のためのもので実際の答案には不要である。）

あるいはもっと簡略に述べる場合には、以下のように書くこともできる。

〈本問では、「山田太郎」という氏名を持つ者が、「中田英寿」という「他人の氏名」について出願しているので登録を受けることはできない（4条1項8号）〉

論点となっていない部分についてはこのような書き方で十分な場合が多いであろう。

他方、論点が含まれる部分については、このような書き方では不十分である。具体的には、「事例分析」（**法的に意味のある事実の抽出**）→「問題提起」（**事実に条文を適用する上での条文上の問題点の指摘**）→「規範定立」（**問題点に対しての条文解釈による一般的抽象的基準の定立**）→「当てはめ」（**抽出事実の定立した基準への適用**）→「結論」（**効果の発生。問題点の解決**）と書くべきである。

どれほど複雑に見える事例問題であっても、実はこれらの組合せにすぎない。つまり、法的に意味のある事実が一つでなく複数散りばめられていればその数だけ法的三段論法を繰り返せば事例問題の答案となる。

以下、実際の答案例を見ながらもう少し詳しく説明する。

答案例

1．本問の商標は、「中田英寿」というフルネーム、すなわち「氏名」を含む商標であるので、４条１項８号の登録阻却要件に当たり、原則として登録を受けることができず、登録を受けるためには承諾を得る必要があるのではないか。

　まず、本問の出願人自身が、「中田英寿」という氏名であるため、自己の氏名にすぎず、「他人」の氏名といえないのではないか。自己の氏名と他人の氏名とが一致する場合にも承諾を得ることが必要であるかが問題となる。

　確かに「他人」とは出願人以外の者をいうのが原則であるから、自己の氏名を用いる限り承諾を要しないとも思える。

　しかし、自己の氏名といえども他人の氏名と一致する場合、その商標の独占使用により他人の人格権を害するおそれが生ずる。

　思うに、本条は他人の承諾によりその適用が除外されているのであるから（同項括弧書）、出所の混同防止が趣旨とは考えにくい。むしろ、無条件に登録を認めた場合には当該特定人との同一性が認識され、その者の人格権を害するおそれがあることに鑑みた人格権保護の規定と解すべきである。

　したがって、自己の氏名と他人の氏名とが一致する場合にも他人の人格権を害するおそれが生ずることに変わりはないので、承諾を得ることが必要であると考える。

　よって、本問の出願人も出願人以外の者の他人の承諾を得る必要がある。

　もっとも、本問のように使用する氏名について同姓同名者が多数人存在する場合、その全員から、承諾を得なければならないかが次に問題となる。

　確かに人格権保護の趣旨を徹底すれば、全員の承諾を得ることが必要となろう。

　しかし、あらゆる現存の者の承諾を必要とすると解するのは行き過ぎと考える。

　思うに、本号の趣旨は、前述したように人格権保護のためにあるが、その場合でも、一般需要者が、本人と何らかの関係があると認識し、そのため本人がこれを不快と感じ、人格権が侵害されたと社会通念上、客観的に明らかであると認められるような場合において、人格権を保護しようとするものと考えられる。

したがって、「著名」性を要する旨の明文はない(※)が、承諾を得ないことにより人格権の毀損が客観的に認められるに足る程度の著名性、稀少性等がある場合にのみ承諾が必要と考えるべきである。

よって、本問の場合、出願人は、同姓同名の多数人全員の承諾を得ることまでは不要であり、著名性が認められるプロサッカー選手の「中田英寿」氏の承諾を得れば足りると考える。

2. もっとも、他人の承諾を得ている場合であっても、氏名が著名である場合、需要者が出所の混同や品質誤認を生ずるおそれがあるときは、本号規定の趣旨とは異なる本条15号、16号によって拒絶され得ると考える。

したがって、本問でプロサッカー選手の「中田　英寿」氏の承諾を得たとしても、15号、16号に該当すると認められれば結局、登録は認められない。

以上

(※) 法改正が検討されている。

③ 事例問題の解答方法

　事例問題の答案である小論文は、与えられたテーマ（問い）に対して、理論的に（筋道立てて）答える文章であるから、まずは何を問われているのか（テーマ）を正確に把握することが肝要である。

　本問では、「出願により登録を受ける際に生ずる問題点」が問われているのであるから、登録を受けるための要件（登録要件）について何らかの問題が生ずる可能性があるはずだと推測できるはずである。

　そこで、登録要件について、（ⅰ）事例分析、すなわち法的に意味のある事実の抽出を行う。分析によって事実の抽出ができた後は、（ⅱ）実際の答案として記述していくことになる。

　以下では、（ⅰ）事例分析のプロセス、（ⅱ）答案記述のプロセスに分け、実際の答案例を基礎としてもう少し具体的に説明する。

（ⅰ）事例分析のプロセス

　問題文を注意深く読んで、その中で「法的に意味のある事実を抽出」する
プロセスである。「法的に意味のある事実」のうち、特に「論点」に関する
事実は事例問題では最も重要である。多くの場合において、論点ごとに配点
がなされているといわれる。

　本問では、商標法４条１項８号に関して法的知識を有する者であれば、以
下の事実が法的に意味のある事実の候補として抽出できるはずである。

①「中田英寿」という氏名の者が登録を受けたいと考えているという事実。
　　→「自己の氏名」であっても８号の「他人の氏名」に当たり、承諾が必
　　　要か。
②「同姓同名の者が多数人存在する」という事実。
　　→　全員の承諾が必要か。
③「１人が、著名なプロサッカー選手」という事実。
　　→　この者の承諾だけで足りないか。また、著名性ゆえに15号・16号の
　　　問題が生じないか。

　そして、書く順番としては、①→②→③→15号・16号が骨になる（15号は
総括規定ゆえ８号の後で問題にする、16号は品質や質の誤認を問題とするの
で、具体的商品や役務の示されていない本問からはやや遠い。）と見極める。

（ⅱ）答案記述のプロセス

　答案構成が終わったら実際に答案を書くプロセスに入る。ここでは、前述
した法的三段論法を具体的に使う。

　①　まず、事例問題の問いが効果に関連すれば（問いは効果の形で聞かれ
ることがほとんどである。例えば損害賠償請求が認められるか等。）、その要
件を検討することになる。前述の問題でいえば、拒絶されないため（問題文

では「登録を受けるために」）には、8号の登録阻却要件に該当しないことを要する。そこで、その要件に当たるかどうかを検討することになる。問題提起は、具体的な事実から法規範という抽象への橋渡しを行う部分である。

したがって、具体的な事実と条文（特に条文上のどの要件が問題となるか。あるいは条文がないことが問題であればその旨）を指摘することが望ましい。

答案では、例えば「Xの請求（△△条）は認められるであろうか。本問では○○という事実があるが、これは△△条の『□□』の文言に当たるか。『□□』の意義が問題となる」という形で、○○という問題文の事実を抽出・引用かつ□□という条文の文言を具体的に指摘して「問題提起」を行う。

② 次に、規範定立を行う。具体的には、法解釈について自己のとる見解（基準）を定立する。小さい論点では、自説の結論と理由だけで足りるが、大きな論点の場合には、他説の紹介、他説への批判、自説の理由（立法趣旨から考えるのが最も一般的）、自説の結論まで述べるべきと考えられる。

なお、ここでは本来、具体的な本問特有の事実を用いて論じてはならない。問題提起によって法規範の解釈という抽象論へと橋渡しをしたのであるからここはあくまでも与えられた具体的な事実を離れた抽象論である。

答案では、例えば小さい論点は「○○と解する。〜だからである」又は「思うに、〜である。したがって、○○と解する」のように表現し、大きな論点は、例えば「確かに○○という見解がある。しかし、××という点で妥当でない。思うに、本条の趣旨は、△△と考えられる。したがって、□□と解すべきである」のように表現する。無論、常にこのように表現しなければならないわけではない。

③ そして、その規範（解釈）に対して「当てはめ」を行う。

「当てはめ」は、事実と規範との適合関係（適用）を確認するものであり、例えば「ある程度の著名性のある人の承諾があれば足りる」という規範（解釈であり基準でもある。）に、「中田英寿という著名性のあるプロサッカー選手がいる」という事実を適合させる部分である。

　ここは、抽象論から具体的な事実へ引き戻す部分といえる。したがって、ここでは規範定立とは全く逆に、むしろ問題提起の部分と同様に、具体的な事実について述べる必要がある。

　答案では、一般に「これを本問についてみると〜」あるいは「本問では、〜」などと表現する。

　④最後に、「当てはめ」によって得られた「結論」を述べる。

　ここでの結論は、あくまでも問題提起を受けての結論であるので、問題提起と結論が実質的にも形式的にも対応していることを要する。

　答案では、「よって、著名性が認められるプロサッカー選手の『中田英寿』氏の承諾を得れば足りる」「よって〜損害賠償請求が認められる」等の表現となる。

　これらを確認する意味で、再度、前述した事例問題の答案例を見てほしい。

（3）最後に

　試験の答案というのは、与えられたテーマ（問い）に対して、理論的に（筋道立てて）答える文章という本質を持つことは先に述べた。したがって、試験の答案では、この「問いに答える」ということを最優先とすべきである。

　「問いに答える」というのには、実質的な意味と形式的な意味の2種類がある。

　まず、実質的な意味では、「出題者が期待した答案の内容（出題意図）」に沿った答案を作成することである。出題には必ず出題意図というものがある。どのような答えを期待してその問題が出されているのかを見極めることはとても重要であり、問題文に散りばめられた事実（先の問題例では、「著名なプロサッカー選手」等）はそのヒントである。

　次に、形式的な意味では、出題者が聞いたことに対して答案の表現として答えることである。

例えば「○○は認められるか」という「問い」に対して、△△と解釈すれば、○○が認められる場合に、「△△と解すべきである」で答案を終わらせてはいけないということである。実質的には答えに限りなく近づいていても形式的な意味での「問いに答えた」ことにはならない。

　ところで、事例問題で注意すべきは、むやみに仮定条件を付して自分で問題を難しくしないことである。

　仮定条件というのは問題文に明示されていない事項を「もし○○という事実もあれば～」とする場合であるが、事例問題は、幾つかの事実が与えられ、その中で法的に意味のある事実を抽出して法的評価を加えつつ問いに対して答える形式の問題であるから、基本的には、事実は問題文で与えられるものであり、「抽出する」対象である。

　誤解を恐れずたとえると、事例問題に対する解答は、「法的三段論法を用いて問題を解決する」という作業であり、これは、裁判所の裁判で判決文を書くことと類似する。

　裁判（厳密には民事裁判）では、弁論主義の下、当事者によって「主張」されている事実のみが判決の基礎とされる（弁論主義の意義については本書109頁参照）。単なる偶然といえるかもしれないが、これと同様、事例問題では、「問題文として書かれた事実のみを答案の基礎とすべき」といえるのである。

　例えば先の事例問題の例であれば、「中田英寿」という先願登録商標があったとしたらとか、登録防護標章があったとしたら、という問題文にない事実、すなわち仮定条件は付すべきでない。

　もっとも、あくまでも「問いに答える」ことが最重要事項であるから、出題者がそのような仮定を設けること（問題文にない事実を付け加えること）を明らかに期待しているような場合には、仮定を用いても構わないという例外はある。

　例えばある条文の適用に当たり５つの要件（Ａ、Ｂ、Ｃ、Ｄ、Ｅ）があって、１つだけ（例えばＣ）が存否不明のような場合は、仮定条件を付して記述することが出題者に期待されていると考えることができる。

　例えば先使用権（特79条）の要件で「Ｂが出願時に事業を既に行っていた」というのは問題文にあるが、Ｂが「善意」か否かが書かれていないようなときは、「これを本問についてみると、〜Ｂが善意であれば、先使用権が認められる」のように記述すればよいことになる。

　なお、先の例でＣという事実がある場合とない場合とで大きくその後の解答が変わってくるような場合には、場合分けが求められていることもある点に注意すべきである。

　無論、場合分け自体も一種の仮定条件であるから、場合分けは常に要求されているものではない。

　基本的に場合分けすべき場合というのは、場合分けして答えるように指示がある場合と場合分けをすることで書く内容が非常に異なってくるときであり、かつ、それが問題文から出題者の意図を感じるときと考えておくとよいであろう。

　事例問題の解答に際して留意すべき事項はその他にもあるが、それらの点については筆を改める。

　ここでは、試験の答案、特に弁理士論文試験の場合（司法試験の論文試験も同様である。）、研究成果を発表する研究論文とは異なり自由度は余りなく、しかも試験の目的が実務家として法的三段論法を使いこなせるかという実践的目的の下に出題者から与えられたテーマ「問い」に対して、理論的に「答える」ことが要求されている、ということを忘れないでいただければそれでよいであろう。

参 照 条 文

■憲 法■

前文

　日本国民は、正当に選挙された国会に
おける代表者を通じて行動し、われらと
われらの子孫のために、諸国民との協和
による成果と、わが国全土にわたつて自
由のもたらす恵沢を確保し、政府の行為
によつて再び戦争の惨禍が起ることのな
いやうにすることを決意し、ここに主権
が国民に存することを宣言し、この憲法
を確定する。そもそも国政は、国民の厳
粛な信託によるものであつて、その権威
は国民に由来し、その権力は国民の代表
者がこれを行使し、その福利は国民がこ
れを享受する。これは人類普遍の原理で
あり、この憲法は、かかる原理に基くも
のである。われらは、これに反する一切
の憲法、法令及び詔勅を排除する。

　日本国民は、恒久の平和を念願し、人
間相互の関係を支配する崇高な理想を深
く自覚するのであつて、平和を愛する諸
国民の公正と信義に信頼して、われらの
安全と生存を保持しようと決意した。わ
れらは、平和を維持し、専制と隷従、圧
迫と偏狭を地上から永遠に除去しようと
努めてゐる国際社会において、名誉ある
地位を占めたいと思ふ。われらは、全世
界の国民が、ひとしく恐怖と欠乏から免
かれ、平和のうちに生存する権利を有す
ることを確認する。

　われらは、いづれの国家も、自国のこ
とのみに専念して他国を無視してはなら
ないのであつて、政治道徳の法則は、普
遍的なものであり、この法則に従ふこと
は、自国の主権を維持し、他国と対等関
係に立たうとする各国の責務であると信
ずる。

　日本国民は、国家の名誉にかけ、全力
をあげてこの崇高な理想と目的を達成す

ることを誓ふ。

第1条【天皇の地位、国民主権】　天皇
　は、日本国の象徴であり日本国民統合
　の象徴であつて、この地位は、主権の
　存する日本国民の総意に基く。

**第9条【戦争の放棄、戦力及び交戦権の
　否認】**　日本国民は、正義と秩序を基
　調とする国際平和を誠実に希求し、国
　権の発動たる戦争と、武力による威嚇
　又は武力の行使は、国際紛争を解決す
　る手段としては、永久にこれを放棄す
　る。

2　前項の目的を達するため、陸海空軍
　その他の戦力は、これを保持しない。
　国の交戦権は、これを認めない。

**第13条【個人の尊重・幸福追求権・公共
　の福祉】**　すべて国民は、個人として
　尊重される。生命、自由及び幸福追求
　に対する国民の権利については、公共
　の福祉に反しない限り、立法その他の
　国政の上で、最大の尊重を必要とする。

**第14条【法の下の平等、貴族の禁止、栄
　典】**　すべて国民は、法の下に平等で
　あつて、人種、信条、性別、社会的身
　分又は門地により、政治的、経済的又
　は社会的関係において、差別されない。

2　華族その他の貴族の制度は、これを
　認めない。

3　栄誉、勲章その他の栄典の授与は、
　いかなる特権も伴はない。栄典の授与
　は、現にこれを有し、又は将来これを
　受ける者の一代に限り、その効力を有
　する。

**第22条【居住・移転及び職業選択の自由、
　外国移住及び国籍離脱の自由】**　何人
　も、公共の福祉に反しない限り、居住、
　移転及び職業選択の自由を有する。

2　何人も、外国に移住し、又は国籍を

離脱する自由を侵されない。

第25条【生存権、国の生存権保障義務】
すべて国民は、健康で文化的な最低限度の生活を営む権利を有する。

2　国は、すべての生活部面について、社会福祉、社会保障及び公衆衛生の向上及び増進に努めなければならない。

第29条【財産権】　財産権は、これを侵してはならない。

2　財産権の内容は、公共の福祉に適合するやうに、法律でこれを定める。

3　私有財産は、正当な補償の下に、これを公共のために用ひることができる。

第31条【法定の手続の保障】　何人も、法律の定める手続によらなければ、その生命若しくは自由を奪はれ、又はその他の刑罰を科せられない。

第32条【裁判を受ける権利】　何人も、裁判所において裁判を受ける権利を奪はれない。

第39条【及処罰の禁止・一事不再理】
何人も、実行の時に適法であつた行為又は既に無罪とされた行為については、刑事上の責任を問はれない。又、同一の犯罪について、重ねて刑事上の責任を問はれない。

第41条【国会の地位・立法権】　国会は、国権の最高機関であつて、国の唯一の立法機関である。

第65条【行政権と内閣】　行政権は、内閣に属する。

第73条【内閣の職務】　内閣は、他の一般行政事務の外、左の事務を行ふ。

一　法律を誠実に執行し、国務を総理すること。

二　外交関係を処理すること。

三　条約を締結すること。但し、事前に、時宜によつては事後に、国会の承認を経ることを必要とする。

四　法律の定める基準に従ひ、官吏に関する事務を掌理すること。

五　予算を作成して国会に提出すること。

六　この憲法及び法律の規定を実施するために、政令を制定すること。但し、政令には、特にその法律の委任がある場合を除いては、罰則を設けることができない。

七　大赦、特赦、減刑、刑の執行の免除及び復権を決定すること。

第76条【司法権・裁判所、特別裁判所の禁止、裁判官の独立】　すべて司法権は、最高裁判所及び法律の定めるところにより設置する下級裁判所に属する。

2　特別裁判所は、これを設置することができない。行政機関は、終審として裁判を行ふことができない。

3　すべて裁判官は、その良心に従ひ独立してその職権を行ひ、この憲法及び法律にのみ拘束される。

第98条【最高法規、条約及び国際法規の遵守】　この憲法は、国の最高法規であつて、その条規に反する法律、命令、詔勅及び国務に関するその他の行為の全部又は一部は、その効力を有しない。

2　日本国が締結した条約及び確立された国際法規は、これを誠実に遵守することを必要とする。

第1条（基本原則）　私権は、公共の福祉に適合しなければならない。

2　権利の行使及び義務の履行は、信義に従い誠実に行わなければならない。

3　権利の濫用は、これを許さない。

第3条　私権の享有は、出生に始まる。

2　外国人は、法令又は条約の規定により禁止される場合を除き、私権を享有する。

第7条（後見開始の審判）　精神上の障害により事理を弁識する能力を欠く常況にある者については、家庭裁判所は、本人、配偶者、四親等内の親族、未成年後見人、未成年後見監督人、保佐人、保佐監督人、補助人、補助監督人又は検察官の請求により、後見開始の審判をすることができる。

第9条（成年被後見人の法律行為）　成年被後見人の法律行為は、取り消すことができる。ただし、日用品の購入その他日常生活に関する行為については、この限りでない。

第11条（保佐開始の審判）　精神上の障害により事理を弁識する能力が著しく不十分である者については、家庭裁判所は、本人、配偶者、四親等内の親族、後見人、後見監督人、補助人、補助監督人又は検察官の請求により、保佐開始の審判をすることができる。ただし、第7条に規定する原因がある者については、この限りでない。)

第15条（補助開始の審判）　精神上の障害により事理を弁識する能力が不十分である者については、家庭裁判所は、本人、配偶者、四親等内の親族、後見人、後見監督人、保佐人、保佐監督人又は検察官の請求により、補助開始の審判をすることができる。ただし、第7条又は第11条本文に規定する原因がある者については、この限りでない。

2　本人以外の者の請求により補助開始の審判をするには、本人の同意がなければならない。

3　補助開始の審判は、第17条第1項の審判又は第876条の9第1項の審判とともにしなければならない。

第33条（法人の成立等）　法人は、この法律その他の法律の規定によらなければ、成立しない。

2　学術、技芸、慈善、祭祀、宗教その他の公益を目的とする法人、営利事業を営むことを目的とする法人その他の法人の設立、組織、運営及び管理については、この法律その他の法律の定めるところによる。

第34条（法人の能力）　法人は、法令の規定に従い、定款その他の基本約款で定められた目的の範囲内において、権利を有し、義務を負う。

第85条（定義）　この法律において「物」とは、有体物をいう。

第86条（不動産及び動産）　土地及びその定着物は、不動産とする。

2　不動産以外の物は、すべて動産とする。

第87条（主物及び従物）　物の所有者が、その物の常用に供するため、自己の所有に属する他の物をこれに附属させたときは、その附属させた物を従物とする。

2　従物は、主物の処分に従う。

第88条（天然果実及び法定果実）　物の用法に従い収取する産出物を天然果実とする。

2　物の使用の対価として受けるべき金銭その他の物を法定果実とする。

第89条（果実の帰属）　天然果実は、その元物から分離する時に、これを収取する権利を有する者に帰属する。

2　法定果実は、これを収取する権利の

存続期間に応じて、日割計算によりこれを取得する。

第90条（公序良俗） 公の秩序又は善良の風俗に反する法律行為は、無効とする。

第91条（任意規定と異なる意思表示） 法律行為の当事者が法令中の公の秩序に関しない規定と異なる意思を表示したときは、その意思に従う。

第93条（心裡留保） 意思表示は、表意者がその真意ではないことを知ってしたときであっても、そのためにその効力を妨げられない。ただし、相手方がその意思表示が表意者の真意ではないことを知り、又は知ることができたときは、その意思表示は、無効とする。

2 前項ただし書の規定による意思表示の無効は、善意の第三者に対抗することができない。

第94条（虚偽表示） 相手方と通じてした虚偽の意思表示は、無効とする。

2 前項の規定による意思表示の無効は、善意の第三者に対抗することができない。

第95条（錯誤） 意思表示は、次に掲げる錯誤に基づくものであって、その錯誤が法律行為の目的及び取引上の社会通念に照らして重要なものであるときは、取り消すことができる。

一 意思表示に対応する意思を欠く錯誤

二 表意者が法律行為の基礎とした事情についてのその認識が真実に反する錯誤

2 前項第2号の規定による意思表示の取消しは、その事情が法律行為の基礎とされていることが表示されていたときに限り、することができる。

3 錯誤が表意者の重大な過失によるものであった場合には、次に掲げる場合を除き、第1項の規定による意思表示の取消しをすることができない。

一 相手方が表意者に錯誤があること

を知り、又は重大な過失によって知らなかったとき。

二 相手方が表意者と同一の錯誤に陥っていたとき。

4 第1項の規定による意思表示の取消しは、善意でかつ過失がない第三者に対抗することができない。

第96条（詐欺又は強迫） 詐欺又は強迫による意思表示は、取り消すことができる。

2 相手方に対する意思表示について第三者が詐欺を行った場合においては、相手方がその事実を知り、又は知ることができたときに限り、その意思表示を取り消すことができる。

3 前2項の規定による詐欺による意思表示の取消しは、善意でかつ過失がない第三者に対抗することができない。

第145条（時効の援用） 時効は、当事者（消滅時効にあっては、保証人、物上保証人、第三取得者その他権利の消滅について正当な利益を有する者を含む。）が援用しなければ、裁判所がこれによって裁判をすることができない。

第147条（裁判上の請求等による時効の完成猶予及び更新） 次に掲げる事由がある場合には、その事由が終了する（確定判決又は確定判決と同一の効力を有するものによって権利が確定することなくその事由が終了した場合にあっては、その終了の時から六箇月を経過する）までの間は、時効は、完成しない。

一 裁判上の請求

二 支払督促

三 民事訴訟法第275条第1項の和解又は民事調停法（昭和26年法律第222号）若しくは家事事件手続法（平成23年法律第52号）による調停

四 破産手続参加、再生手続参加又は更生手続参加

2 前項の場合において、確定判決又は

確定判決と同一の効力を有するものによって権利が確定したときは、時効は、同項各号に掲げる事由が終了した時から新たにその進行を始める。

第175条（物権の創設） 物権は、この法律その他の法律に定めるもののほか、創設することができない。

第176条（物権の設定及び移転） 物権の設定及び移転は、当事者の意思表示のみによって、その効力を生ずる。

第177条（不動産に関する物権の変動の対抗要件） 不動産に関する物権の得喪及び変更は、不動産登記法（平成16年法律第123号）その他の登記に関する法律の定めるところに従いその登記をしなければ、第三者に対抗することができない。

第178条（動産に関する物権の譲渡の対抗要件） 動産に関する物権の譲渡は、その動産の引渡しがなければ、第三者に対抗することができない。

第181条（代理占有） 占有権は、代理人によって取得することができる。

第192条（即時取得） 取引行為によって、平穏に、かつ、公然と動産の占有を始めた者は、善意であり、かつ、過失がないときは、即時にその動産について行使する権利を取得する。

第206条（所有権の内容） 所有者は、法令の制限内において、自由にその所有物の使用、収益及び処分をする権利を有する。

第249条（共有物の使用） 各共有者は、共有物の全部について、その持分に応じた使用をすることができる。

第250条（共有持分の割合の推定） 各共有者の持分は、相等しいものと推定する。

第252条（共有物の管理） 共有物の管理に関する事項は、前条の場合を除き、各共有者の持分の価格に従い、その過半数で決する。ただし、保存行為は、各共有者がすることができる。

第255条（持分の放棄及び共有者の死亡） 共有者の一人が、その持分を放棄したとき、又は死亡して相続人がないときは、その持分は、他の共有者に帰属する。

第256条（共有物の分割請求） 各共有者は、いつでも共有物の分割を請求することができる。ただし、5年を超えない期間内は分割をしない旨の契約をすることを妨げない。

2　前項ただし書の契約は、更新することができる。ただし、その期間は、更新の時から5年を超えることができない。

第264条（準共有） この節の規定は、数人で所有権以外の財産権を有する場合について準用する。ただし、法令に特別の定めがあるときは、この限りでない。

第265条（地上権の内容） 地上権者は、他人の土地において工作物又は竹木を所有するため、その土地を使用する権利を有する。

第270条（永小作権の内容） 永小作人は、小作料を支払って他人の土地において耕作又は牧畜をする権利を有する。

第280条（地役権の内容） 地役権者は、設定行為で定めた目的に従い、他人の土地を自己の土地の便益に供する権利を有する。ただし、第3章第1節（所有権の限界）の規定（公の秩序に関するものに限る。）に違反しないものでなければならない。

第295条（留置権の内容） 他人の物の占有者は、その物に関して生じた債権を有するときは、その債権の弁済を受けるまで、その物を留置することができる。ただし、その債権が弁済期にないときは、この限りでない。

2　前項の規定は、占有が不法行為によって始まった場合には、適用しない。

第303条（先取特権の内容） 先取特権者は、この法律その他の法律の規定に従

い、その債務者の財産について、他の債権者に先立って自己の債権の弁済を受ける権利を有する。

第304条（物上代位） 先取特権は、その目的物の売却、賃貸、滅失又は損傷によって債務者が受けるべき金銭その他の物に対しても、行使することができる。ただし、先取特権者は、その払渡し又は引渡しの前に差押えをしなければならない。

2 債務者が先取特権の目的物につき設定した物権の対価についても、前項と同様とする。

第342条（質権の内容） 質権者は、その債権の担保として債務者又は第三者から受け取った物を占有し、かつ、その物について他の債権者に先立って自己の債権の弁済を受ける権利を有する。

第350条（留置権及び先取特権の規定の準用） 第296条から第300条まで及び第304条の規定は、質権について準用する。

第356条（不動産質権者による使用及び収益） 不動産質権者は、質権の目的である不動産の用法に従い、その使用及び収益をすることができる。

第362条（権利質の目的等） 質権は、財産権をその目的とすることができる。

2 前項の質権については、この節に定めるもののほか、その性質に反しない限り、前3節（総則、動産質及び不動産質）の規定を準用する。

第369条（抵当権の内容） 抵当権者は、債務者又は第三者が占有を移転しないで債務の担保に供した不動産について、他の債権者に先立って自己の債権の弁済を受ける権利を有する。

2 地上権及び永小作権も、抵当権の目的とすることができる。この場合においては、この章の規定を準用する。

第414条（履行の強制） 債務者が任意に債務の履行をしないときは、債権者は、民事執行法その他強制執行の手続に関する法令の規定に従い、直接強制、代替執行、間接強制その他の方法による履行の強制を裁判所に請求することができる。ただし、債務の性質がこれを許さないときは、この限りでない。

2 前項の規定は、損害賠償の請求を妨げない。

第415条（債務不履行による損害賠償） 債務者がその債務の本旨に従った履行をしないとき又は債務の履行が不能であるときは、債権者は、これによって生じた損害の賠償を請求することができる。ただし、その債務の不履行が契約その他の債務の発生原因及び取引上の社会通念に照らして債務者の責めに帰することができない事由によるものであるときは、この限りでない。

2 前項の規定により損害賠償の請求をすることができる場合において、債権者は、次に掲げるときは、債務の履行に代わる損害賠償の請求をすることができる。

一 債務の履行が不能であるとき。

二 債務者がその債務の履行を拒絶する意思を明確に表示したとき。

三 債務が契約によって生じたものである場合において、その契約が解除され、又は債務の不履行による契約の解除権が発生したとき。

第416条（損害賠償の範囲） 債務の不履行に対する損害賠償の請求は、これによって通常生ずべき損害の賠償をさせることをその目的とする。

2 特別の事情によって生じた損害であっても、当事者がその事情を予見すべきであったときは、債権者は、その賠償を請求することができる。

第423条（債権者代位権の要件） 債権者は、自己の債権を保全するため必要があるときは、債務者に属する権利（以下「被代位権利」という。）を行使することができる。ただし、債務者の一身に専属する権利及び差押えを禁じら

れた権利は、この限りでない。

2　債権者は、その債権の期限が到来しない間は、被代位権利を行使することができない。ただし、保存行為は、この限りでない。

3　債権者は、その債権が強制執行により実現することのできないものであるときは、被代位権利を行使することができない。

第424条（詐害行為取消請求）　債権者は、債務者が債権者を害することを知ってした行為の取消しを裁判所に請求することができる。ただし、その行為によって利益を受けた者（以下この款において「受益者」という。）がその行為の時において債権者を害することを知らなかったときは、この限りでない。

2　前項の規定は、財産権を目的としない行為については、適用しない。

3　債権者は、その債権が第1項に規定する行為の前の原因に基づいて生じたものである場合に限り、同項の規定による請求（以下「詐害行為取消請求」という。）をすることができる。

4　債権者は、その債権が強制執行により実現することのできないものであるときは、詐害行為取消請求をすることができない。

第427条（分割債権及び分割債務）　数人の債権者又は債務者がある場合において、別段の意思表示がないときは、各債権者又は各債務者は、それぞれ等しい割合で権利を有し、又は義務を負う。

第428条（不可分債権）　次款（連帯債権）の規定（第433条及び第435条の規定を除く。）は、債権の目的がその性質上不可分である場合において、数人の債権者があるときについて準用する。

第436条（連帯債務者に対する履行の請求）　債務の目的がその性質上可分である場合において、法令の規定又は当事者の意思表示によって数人が連帯して債務を負担するときは、債権者は、その連帯債務者の一人に対し、又は同時に若しくは順次に全ての連帯債務者に対し、全部又は一部の履行を請求することができる。

第474条（第三者の弁済）　債務の弁済は、第三者もすることができる。

2　弁済をするについて正当な利益を有する者でない第三者は、債務者の意思に反して弁済をすることができない。ただし、債務者の意思に反することを債権者が知らなかったときは、この限りでない。

3　前項に規定する第三者は、債権者の意思に反して弁済をすることができない。ただし、その第三者が債務者の委託を受けて弁済をする場合において、そのことを債権者が知っていたときは、この限りでない。

4　前3項の規定は、その債務の性質が第三者の弁済を許さないとき、又は当事者が第三者の弁済を禁止し、若しくは制限する旨の意思表示をしたときは、適用しない。

第475条（弁済として引き渡した物の取戻し）　弁済をした者が弁済として他人の物を引き渡したときは、その弁済をした者は、更に有効な弁済をしなければ、その物を取り戻すことができない。

第476条（弁済として引き渡した物の消費又は譲渡がされた場合の弁済の効力等）　前条の場合において、債権者が弁済として受領した物を善意で消費し、又は譲り渡したときは、その弁済は、有効とする。この場合において、債権者が第三者から賠償の請求を受けたときは、弁済をした者に対して求償をすることを妨げない。

第478条（受領権者としての外観を有する者に対する弁済）　受領権者（債権者及び法令の規定又は当事者の意思表示によって弁済を受領する権限を付与された第三者をいう。以下同じ。）以

外の者であって取引上の社会通念に照らして受領権者としての外観を有するものに対してした弁済は、その弁済をした者が善意であり、かつ、過失がなかったときに限り、その効力を有する。

第479条（受領権者以外の者に対する弁済）　前条の場合を除き、受領権者以外の者に対してした弁済は、債権者がこれによって利益を受けた限度においてのみ、その効力を有する。

第481条（差押えを受けた債権の第三債務者の弁済）　差押えを受けた債権の第三債務者が自己の債権者に弁済をしたときは、差押債権者は、その受けた損害の限度において更に弁済をすべき旨を第三債務者に請求することができる。

2　前項の規定は、第三債務者からその債権者に対する求償権の行使を妨げない。

第482条（代物弁済）　弁済をすることができる者（以下「弁済者」という。）が、債権者との間で、債務者の負担した給付に代えて他の給付をすることにより債務を消滅させる旨の契約をした場合において、その弁済者が当該他の給付をしたときは、その給付は、弁済と同一の効力を有する。

第483条（特定物の現状による引渡し）　債権の目的が特定物の引渡しである場合において、契約その他の債権の発生原因及び取引上の社会通念に照らしてその引渡しをすべき時の品質を定めることができないときは、弁済をする者は、その引渡しをすべき時の現状でその物を引き渡さなければならない。

第484条（弁済の場所及び時間）　弁済をすべき場所について別段の意思表示がないときは、特定物の引渡しは債権発生の時にその物が存在した場所において、その他の弁済は債権者の現在の住所において、それぞれしなければならない。

2　法令又は慣習により取引時間の定めがあるときは、その取引時間内に限り、弁済をし、又は弁済の請求をすることができる。

第485条（弁済の費用）　弁済の費用について別段の意思表示がないときは、その費用は、債務者の負担とする。ただし、債権者が住所の移転その他の行為によって弁済の費用を増加させたときは、その増加額は、債権者の負担とする。

第486条（受取証書の交付請求等）　弁済をする者は、弁済と引換えに、弁済を受領する者に対して受取証書の交付を請求することができる。

2　弁済をする者は、前項の受取証書の交付に代えて、その内容を記録した電磁的記録の提供を請求することができる。ただし、弁済を受領する者に不相当な負担を課するものであるときは、この限りでない。

第487条（債権証書の返還請求）　債権に関する証書がある場合において、弁済をした者が全部の弁済をしたときは、その証書の返還を請求することができる。

第488条（同種の給付を目的とする数個の債務がある場合の充当）　債務者が同一の債権者に対して同種の給付を目的とする数個の債務を負担する場合において、弁済として提供した給付が全ての債務を消滅させるのに足りないとき（次条第1項に規定する場合を除く。）は、弁済をする者は、給付の時に、その弁済を充当すべき債務を指定することができる。

2　弁済をする者が前項の規定による指定をしないときは、弁済を受領する者は、その受領の時に、その弁済を充当すべき債務を指定することができる。ただし、弁済をする者がその充当に対して直ちに異議を述べたときは、この限りでない。

3　前2項の場合における弁済の充当の指定は、相手方に対する意思表示によってする。

4　弁済をする者及び弁済を受領する者がいずれも第1項又は第2項の規定による指定をしないときは、次の各号の定めるところに従い、その弁済を充当する。

一　債務の中に弁済期にあるものと弁済期にないものとがあるときは、弁済期にあるものに先に充当する。

二　全ての債務が弁済期にあるとき、又は弁済期にないときは、債務者のために弁済の利益が多いものに先に充当する。

三　債務者のために弁済の利益が相等しいときは、弁済期が先に到来したもの又は先に到来すべきものに先に充当する。

四　前2号に掲げる事項が相等しい債務の弁済は、各債務の額に応じて充当する。

第489条（元本、利息及び費用を支払うべき場合の充当）　債務者が一個又は数個の債務について元本のほか利息及び費用を支払うべき場合（債務者が数個の債務を負担する場合にあっては、同一の債権者に対して同種の給付を目的とする数個の債務を負担するときに限る。）において、弁済をする者がその債務の全部を消滅させるのに足りない給付をしたときは、これを順次に費用、利息及び元本に充当しなければならない。

2　前条の規定は、前項の場合において、費用、利息又は元本のいずれかの全てを消滅させるのに足りない給付をしたときについて準用する。

第491条（数個の給付をすべき場合の充当）　一個の債務の弁済として数個の給付をすべき場合において、弁済をする者がその債務の全部を消滅させるのに足りない給付をしたときは、前3条

の規定を準用する。

第492条（弁済の提供の効果）　債務者は、弁済の提供の時から、債務を履行しないことによって生ずべき責任を免れる。

第493条（弁済の提供の方法）　弁済の提供は、債務の本旨に従って現実にしなければならない。ただし、債権者があらかじめその受領を拒み、又は債務の履行について債権者の行為を要するときは、弁済の準備をしたことを通知してその受領の催告をすれば足りる。

第494条（供託）　弁済者は、次に掲げる場合には、債権者のために弁済の目的物を供託することができる。この場合においては、弁済者が供託をした時に、その債権は、消滅する。

一　弁済の提供をした場合において、債権者がその受領を拒んだとき。

二　債権者が弁済を受領することができないとき。

2　弁済者が債権者を確知することができないときも、前項と同様とする。ただし、弁済者に過失があるときは、この限りでない。

第495条（供託の方法）　前条の規定による供託は、債務の履行地の供託所にしなければならない。

2　供託所について法令に特別の定めがない場合には、裁判所は、弁済者の請求により、供託所の指定及び供託物の保管者の選任をしなければならない。

3　前条の規定により供託をした者は、遅滞なく、債権者に供託の通知をしなければならない。

第496条（供託物の取戻し）　債権者が供託を受諾せず、又は供託を有効と宣告した判決が確定しない間は、弁済者は、供託物を取り戻すことができる。この場合においては、供託をしなかったものとみなす。

2　前項の規定は、供託によって質権又は抵当権が消滅した場合には、適用し

ない。

第497条（供託に適しない物等） 弁済者は、次に掲げる場合には、裁判所の許可を得て、弁済の目的物を競売に付し、その代金を供託することができる。

一 その物が供託に適しないとき。

二 その物について滅失、損傷その他の事由による価格の低落のおそれがあるとき。

三 その物の保存について過分の費用を要するとき。

四 前3号に掲げる場合のほか、その物を供託することが困難な事情があるとき。

第498条（供託物の還付請求等） 弁済の目的物又は前条の代金が供託された場合には、債権者は、供託物の還付を請求することができる。

2 債務者が債権者の給付に対して弁済をすべき場合には、債権者は、その給付をしなければ、供託物を受け取ることができない。

第499条（弁済による代位の要件） 債務者のために弁済をした者は、債権者に代位する。

第500条 第467条の規定は、前条の場合（弁済をするについて正当な利益を有する者が債権者に代位する場合を除く。）について準用する。

第501条（弁済による代位の効果） 前2条の規定により債権者に代位した者は、債権の効力及び担保としてその債権者が有していた一切の権利を行使することができる。

2 前項の規定による権利の行使は、債権者に代位した者が自己の権利に基づいて債務者に対して求償をすることができる範囲内（保証人の一人が他の保証人に対して債権者に代位する場合には、自己の権利に基づいて当該他の保証人に対して求償をすることができる範囲内）に限り、することができる。

3 第1項の場合には、前項の規定によ

るほか、次に掲げるところによる。

一 第三取得者（債務者から担保の目的となっている財産を譲り受けた者をいう。以下この項において同じ。）は、保証人及び物上保証人に対して債権者に代位しない。

二 第三取得者の一人は、各財産の価格に応じて、他の第三取得者に対して債権者に代位する。

三 前号の規定は、物上保証人の一人が他の物上保証人に対して債権者に代位する場合について準用する。

四 保証人と物上保証人との間においては、その数に応じて、債権者に代位する。ただし、物上保証人が数人あるときは、保証人の負担部分を除いた残額について、各財産の価格に応じて、債権者に代位する。

五 第三取得者から担保の目的となっている財産を譲り受けた者は、第三取得者とみなして第1号及び第2号の規定を適用し、物上保証人から担保の目的となっている財産を譲り受けた者は、物上保証人とみなして第1号、第3号及び前号の規定を適用する。

第502条（一部弁済による代位） 債権の一部について代位弁済があったときは、代位者は、債権者の同意を得て、その弁済をした価額に応じて、債権者とともにその権利を行使することができる。

2 前項の場合であっても、債権者は、単独でその権利を行使することができる。

3 前2項の場合に債権者が行使する権利は、その債権の担保の目的となっている財産の売却代金その他の当該権利の行使によって得られる金銭について、代位者が行使する権利に優先する。

4 第1項の場合において、債務の不履行による契約の解除は、債権者のみがすることができる。この場合において

は、代位者に対し、その弁済をした価額及びその利息を償還しなければならない。

第503条（債権者による債権証書の交付等） 代位弁済によって全部の弁済を受けた債権者は、債権に関する証書及び自己の占有する担保物を代位者に交付しなければならない。

2　債権の一部について代位弁済があった場合には、債権者は、債権に関する証書にその代位を記入し、かつ、自己の占有する担保物の保存を代位者に監督させなければならない。

第504条（債権者による担保の喪失等） 弁済をするについて正当な利益を有する者（以下この項において「代位権者」という。）がある場合において、債権者が故意又は過失によってその担保を喪失し、又は減少させたときは、その代位権者は、代位をするに当たって担保の喪失又は減少によって償還を受けることができなくなる限度において、その責任を免れる。その代位権者が物上保証人である場合において、その代位権者から担保の目的となっている財産を譲り受けた第三者及びその特定承継人についても、同様とする。

2　前項の規定は、債権者が担保を喪失し、又は減少させたことについて取引上の社会通念に照らして合理的な理由があると認められるときは、適用しない。

第505条（相殺の要件等） 二人が互いに同種の目的を有する債務を負担する場合において、双方の債務が弁済期にあるときは、各債務者は、その対当額について相殺によってその債務を免れることができる。ただし、債務の性質がこれを許さないときは、この限りでない。

2　前項の規定にかかわらず、当事者が相殺を禁止し、又は制限する旨の意思表示をした場合には、その意思表示は、

第三者がこれを知り、又は重大な過失によって知らなかったときに限り、その第三者に対抗することができる。

第506条（相殺の方法及び効力） 相殺は、当事者の一方から相手方に対する意思表示によってする。この場合において、その意思表示には、条件又は期限を付することができない。

2　前項の意思表示は、双方の債務が互いに相殺に適するようになった時にさかのぼってその効力を生ずる。

第507条（履行地の異なる債務の相殺） 相殺は、双方の債務の履行地が異なるときであっても、することができる。この場合において、相殺をする当事者は、相手方に対し、これによって生じた損害を賠償しなければならない。

第508条（時効により消滅した債権を自働債権とする相殺） 時効によって消滅した債権がその消滅以前に相殺に適するようになっていた場合には、その債権者は、相殺をすることができる。

第509条（不法行為等により生じた債権を受働債権とする相殺の禁止） 次に掲げる債務の債務者は、相殺をもって債権者に対抗することができない。ただし、その債権者がその債務に係る債権を他人から譲り受けたときは、この限りでない。

一　悪意による不法行為に基づく損害賠償の債務
二　人の生命又は身体の侵害による損害賠償の債務（前号に掲げるものを除く。）

第510条（差押禁止債権を受働債権とする相殺の禁止） 債権が差押えを禁じたものであるときは、その債務者は、相殺をもって債権者に対抗することができない。

第511条（差押えを受けた債権を受働債権とする相殺の禁止） 差押えを受けた債権の第三債務者は、差押え後に取得した債権による相殺をもって差押債

権者に対抗することはできないが、差押え前に取得した債権による相殺をもって対抗することができる。

2　前項の規定にかかわらず、差押え後に取得した債権が差押え前の原因に基づいて生じたものであるときは、その第三債務者は、その債権による相殺をもって差押債権者に対抗することができる。ただし、第三債務者が差押え後に他人の債権を取得したときは、この限りでない。

第512条（相殺の充当）　債権者が債務者に対して有する一個又は数個の債権と、債権者が債務者に対して負担する一個又は数個の債務について、債権者が相殺の意思表示をした場合において、当事者が別段の合意をしなかったときは、債権者の有する債権とその負担する債務は、相殺に適するようになった時期の順序に従って、その対当額について相殺によって消滅する。

2　前項の場合において、相殺をする債権者の有する債権がその負担する債務の全部を消滅させるのに足りないときであって、当事者が別段の合意をしなかったときは、次に掲げるところによる。

一　債権者が数個の債務を負担するとき（次号に規定する場合を除く。）は、第488条第4項第2号から第4号までの規定を準用する。

二　債権者が負担する一個又は数個の債務について元本のほか利息及び費用を支払うべきときは、第489条の規定を準用する。この場合において、同条第2項中「前条」とあるのは、「前条第4項第2号から第4号まで」と読み替えるものとする。

3　第1項の場合において、相殺をする債権者の負担する債務がその有する債権の全部を消滅させるのに足りないときは、前項の規定を準用する。

第513条（更改）　当事者が従前の債務に

代えて、新たな債務であって次に掲げるものを発生させる契約をしたときは、従前の債務は、更改によって消滅する。

一　従前の給付の内容について重要な変更をするもの

二　従前の債務者が第三者と交替するもの

三　従前の債権者が第三者と交替するもの

第514条（債務者の交替による更改）　債務者の交替による更改は、債権者と更改後に債務者となる者との契約によってすることができる。この場合において、更改は、債権者が更改前の債務者に対してその契約をした旨を通知した時に、その効力を生ずる。

2　債務者の交替による更改後の債務者は、更改前の債務者に対して求償権を取得しない。

第515条（債権者の交替による更改）　債権者の交替による更改は、更改前の債権者、更改後に債権者となる者及び債務者の契約によってすることができる。

2　債権者の交替による更改は、確定日付のある証書によってしなければ、第三者に対抗することができない。

第518条（更改後の債務への担保の移転）　債権者（債権者の交替による更改にあっては、更改前の債権者）は、更改前の債務の目的の限度において、その債務の担保として設定された質権又は抵当権を更改後の債務に移すことができる。ただし、第三者がこれを設定した場合には、その承諾を得なければならない。

2　前項の質権又は抵当権の移転は、あらかじめ又は同時に更改の相手方（債権者の交替による更改にあっては、債務者）に対してする意思表示によってしなければならない。

第519条【免除】　債権者が債務者に対し

て債務を免除する意思を表示したとき
は、その債権は、消滅する。

第520条【混同】　債権及び債務が同一人
に帰属したときは、その債権は、消滅
する。ただし、その債権が第三者の権
利の目的であるときは、この限りでな
い。

第536条（債務者の危険負担等）　当事者
双方の責めに帰することができない事
由によって債務を履行することができ
なくなったときは、債権者は、反対給
付の履行を拒むことができる。

2　債権者の責めに帰すべき事由によっ
て債務を履行することができなくなっ
たときは、債権者は、反対給付の履行
を拒むことができない。この場合にお
いて、債務者は、自己の債務を免れた
ことによって利益を得たときは、これ
を債権者に償還しなければならない。

第542条（催告によらない解除）　次に掲
げる場合には、債権者は、前条の催告
をすることなく、直ちに契約の解除を
することができる。

一　債務の全部の履行が不能であると
き。

二　債務者がその債務の全部の履行を
拒絶する意思を明確に表示したと
き。

三　債務の一部の履行が不能である場
合又は債務者がその債務の一部の履
行を拒絶する意思を明確に表示した
場合において、残存する部分のみで
は契約をした目的を達することがで
きないとき。

四　契約の性質又は当事者の意思表示
により、特定の日時又は一定の期間
内に履行をしなければ契約をした目
的を達することができない場合にお
いて、債務者が履行をしないでその
時期を経過したとき。

五　前各号に掲げる場合のほか、債務
者がその債務の履行をせず、債権者
が前条の催告をしても契約をした目

的を達するのに足りる履行がされる
見込みがないことが明らかであると
き。

2　次に掲げる場合には、債権者は、前
条の催告をすることなく、直ちに契約
の一部の解除をすることができる。

一　債務の一部の履行が不能であると
き。

二　債務者がその債務の一部の履行を
拒絶する意思を明確に表示したと
き。

第543条（債権者の責めに帰すべき事由
による場合）　債務の不履行が債権者
の責めに帰すべき事由によるものであ
るときは、債権者は、前2条の規定に
よる契約の解除をすることができな
い。

第703条（不当利得の返還義務）　法律上
の原因なく他人の財産又は労務によっ
て利益を受け、そのために他人に損失
を及ぼした者（以下この章において「受
益者」という。）は、その利益の存す
る限度において、これを返還する義務
を負う。

第704条（悪意の受益者の返還義務等）
悪意の受益者は、その受けた利益に利
息を付して返還しなければならない。
この場合において、なお損害があると
きは、その賠償の責任を負う。

第709条（不法行為による損害賠償）　故
意又は過失によって他人の権利又は法
律上保護される利益を侵害した者は、
これによって生じた損害を賠償する責
任を負う。

第712条（責任能力）　未成年者は、他人
に損害を加えた場合において、自己の
行為の責任を弁識するに足りる知能を
備えていなかったときは、その行為に
ついて賠償の責任を負わない。

第713条　精神上の障害により自己の行
為の責任を弁識する能力を欠く状態に
ある間に他人に損害を加えた者は、そ
の賠償の責任を負わない。ただし、故

意又は過失によって一時的にその状態を招いたときは、この限りでない。

第714条（責任無能力者の監督義務者等の責任） 前2条の規定により責任無能力者がその責任を負わない場合において、その責任無能力者を監督する法定の義務を負う者は、その責任無能力者が第三者に加えた損害を賠償する責任を負う。ただし、監督義務者がその義務を怠らなかったとき、又はその義務を怠らなくても損害が生ずべきであったときは、この限りでない。

2 監督義務者に代わって責任無能力者を監督する者も、前項の責任を負う。

第719条（共同不法行為者の責任） 数人が共同の不法行為によって他人に損害を加えたときは、各自が連帯してその損害を賠償する責任を負う。共同行為者のうちいずれの者がその損害を加えたかを知ることができないときも、同様とする。

2 行為者を教唆した者及び幇助した者は、共同行為者とみなして、前項の規定を適用する。

第724条（不法行為による損害賠償請求権の消滅時効） 不法行為による損害賠償の請求権は、次に掲げる場合には、時効によって消滅する。

一 被害者又はその法定代理人が損害及び加害者を知った時から3年間行使しないとき。

二 不法行為の時から20年間行使しないとき。

第876条の4（保佐人に代理権を付与する旨の審判） 家庭裁判所は、第11条本文に規定する者又は保佐人若しくは保佐監督人の請求によって、被保佐人のために特定の法律行為について保佐人に代理権を付与する旨の審判をすることができる。

2 本人以外の者の請求によって前項の審判をするには、本人の同意がなければならない。

3 家庭裁判所は、第1項に規定する者の請求によって、同項の審判の全部又は一部を取り消すことができる。

第876条の9（補助人に代理権を付与する旨の審判） 家庭裁判所は、第15条第1項本文に規定する者又は補助人若しくは補助監督人の請求によって、被補助人のために特定の法律行為について補助人に代理権を付与する旨の審判をすることができる。

2 第876条の4第2項及び第3項の規定は、前項の審判について準用する。

第959条（残金財産の国庫への帰属） 前条の規定により処分されなかった相続財産は、国庫に帰属する。この場合においては、第956条第2項の規定を準用する。

第8条（他の法令の罪に対する適用）
この編の規定は、他の法令の罪につい
ても、適用する。ただし、その法令に
特別の規定があるときは、この限りで
ない。

第9条（刑の種類）　死刑、懲役、禁錮、
罰金、拘留及び科料を主刑とし、没収
を付加刑とする。

第35条（正当行為）　法令又は正当な業
務による行為は、罰しない。

第39条（心神喪失及び心神耗弱）　心神
喪失者の行為は、罰しない。

2　心神耗弱者の行為は、その刑を減軽

する。

第41条（責任年齢）　14歳に満たない者
の行為は、罰しない。

第199条（殺人）　人を殺した者は、死刑
又は無期若しくは5年以上の懲役に処
する。

第204条（傷害）　人の身体を傷害した者
は、15年以下の懲役又は50万円以下の
罰金に処する。

第235条（窃盗）　他人の財物を窃取した
者は、窃盗の罪とし、10年以下の懲役
又は50万円以下の罰金に処する。

■民事訴訟法■

（裁判所及び当事者の責務）

第2条 裁判所は、民事訴訟が公正かつ迅速に行われるように努め、当事者は、信義に従い誠実に民事訴訟を追行しなければならない。

（特許権等に関する訴え等の管轄）

第6条 特許権、実用新案権、回路配置利用権又はプログラムの著作物についての著作者の権利に関する訴え（以下「特許権等に関する訴え」という。）について、前2条の規定によれば次の各号に掲げる裁判所が管轄権を有すべき場合には、その訴えは、それぞれ当該各号に定める裁判所の管轄に専属する。

一　東京高等裁判所、名古屋高等裁判所、仙台高等裁判所又は札幌高等裁判所の管轄区域内に所在する地方裁判所　東京地方裁判所

二　大阪高等裁判所、広島高等裁判所、福岡高等裁判所又は高松高等裁判所の管轄区域内に所在する地方裁判所　大阪地方裁判所

2　特許権等に関する訴えについて、前2条の規定により前項各号に掲げる裁判所の管轄区域内に所在する簡易裁判所が管轄権を有する場合には、それぞれ当該各号に定める裁判所にも、その訴えを提起することができる。

3　第1項第2号に定める裁判所が第一審としてした特許権等に関する訴えについての終局判決に対する控訴は、東京高等裁判所の管轄に専属する。ただし、第20条の2第1項の規定により移送された訴訟に係る訴えについての終局判決に対する控訴については、この限りでない。

（法人でない社団等の当事者能力）

第29条 法人でない社団又は財団で代表者又は管理人の定めがあるものは、その名において訴え、又は訴えられることができる。

（補助参加）

第42条 訴訟の結果について利害関係を有する第三者は、当事者の一方を補助するため、その訴訟に参加することができる。

（独立当事者参加）

第47条 訴訟の結果によって権利が害されることを主張する第三者又は訴訟の目的の全部若しくは一部が自己の権利であることを主張する第三者は、その訴訟の当事者の双方又は一方を相手方として、当事者としてその訴訟に参加することができる。

2　前項の規定による参加の申出は、書面でしなければならない。

3　前項の書面は、当事者双方に送達しなければならない。

4　第40条第1項から第3項までの規定は第1項の訴訟の当事者及び同項の規定によりその訴訟に参加した者について、第43条の規定は同項の規定による参加の申出について準用する。

（共同訴訟参加）

第52条 訴訟の目的が当事者の一方及び第三者について合一にのみ確定すべき場合には、その第三者は、共同訴訟人としてその訴訟に参加することができる。

2　第43条並びに第47条第2項及び第3項の規定は、前項の規定による参加の申出について準用する。

（口頭弁論の必要性）

第87条　当事者は、訴訟について、裁判所において口頭弁論をしなければならない。ただし、決定で完結すべき事件については、裁判所が、口頭弁論をすべきか否かを定める。

2　前項ただし書の規定により口頭弁論をしない場合には、裁判所は、当事者を審尋することができる。

3　前2項の規定は、特別の定めがある場合には、適用しない。

（既判力の範囲）

第114条　確定判決は、主文に包含するものに限り、既判力を有する。

2　相殺のために主張した請求の成立又は不成立の判断は、相殺をもって対抗した額について既判力を有する。

（確定判決等の効力が及ぶ者の範囲）

第115条　確定判決は、次に掲げる者に対してその効力を有する。

　一　当事者

　二　当事者が他人のために原告又は被告となった場合のその他人

　三　前2号に掲げる者の口頭弁論終結後の承継人

　四　前3号に掲げる者のために請求の目的物を所持する者

2　前項の規定は、仮執行の宣言について準用する。

（裁判長の訴状審査権）

第137条　訴状が第133条第2項の規定に違反する場合には、裁判長は、相当の期間を定め、その期間内に不備を補正すべきことを命じなければならない。民事訴訟費用等に関する法律（昭和46年法律第40号）の規定に従い訴えの提起の手数料を納付しない場合も、同様とする。

2　前項の場合において、原告が不備を補正しないときは、裁判長は、命令で、訴状を却下しなければならない。

3　前項の命令に対しては、即時抗告をすることができる。

（釈明権等）

第149条　裁判長は、口頭弁論の期日又は期日外において、訴訟関係を明瞭にするため、事実上及び法律上の事項に関し、当事者に対して問いを発し、又は立証を促すことができる。

2　陪席裁判官は、裁判長に告げて、前項に規定する処置をすることができる。

3　当事者は、口頭弁論の期日又は期日外において、裁判長に対して必要な発問を求めることができる。

4　裁判長又は陪席裁判官が、口頭弁論の期日外において、攻撃又は防御の方法に重要な変更を生じ得る事項について第1項又は第2項の規定による処置をしたときは、その内容を相手方に通知しなければならない。

（攻撃防御方法の提出時期）

第156条　攻撃又は防御の方法は、訴訟の進行状況に応じ適切な時期に提出しなければならない。

（準備書面）

第161条　口頭弁論は、書面で準備しなければならない。

2　準備書面には、次に掲げる事項を記載する。

　一　攻撃又は防御の方法

　二　相手方の請求及び攻撃又は防御の方法に対する陳述

3　相手方が在廷していない口頭弁論においては、準備書面（相手方に送達されたもの又は相手方からその準備書面を受領した旨を記載した書面が提出されたものに限る。）に記載した事実でなければ、主張することができない。

（当事者照会）

第163条　当事者は、訴訟の係属中、相手方に対し、主張又は立証を準備するために必要な事項について、相当の期間を定めて、書面で回答するよう、書面で照会をすることができる。ただし、その照会が次の各号のいずれかに該当

するときは、この限りでない。

一　具体的又は個別的でない照会

二　相手方を侮辱し、又は困惑させる照会

三　既にした照会と重複する照会

四　意見を求める照会

五　相手方が回答するために不相当な費用又は時間を要する照会

六　第196条又は第197条の規定により証言を拒絶することができる事項と同様の事項についての照会

（準備的口頭弁論の開始）

第164条　裁判所は、争点及び証拠の整理を行うため必要があると認めるときは、この款に定めるところにより、準備的口頭弁論を行うことができる。

（弁論準備手続の開始）

第168条　裁判所は、争点及び証拠の整理を行うため必要があると認めるときは、当事者の意見を聴いて、事件を弁論準備手続に付することができる。

（証明することを要しない事実）

第179条　裁判所において当事者が自白した事実及び顕著な事実は、証明することを要しない。

（鑑定証人）

第217条　特別の学識経験により知り得た事実に関する尋問については、証人尋問に関する規定による。

（文書提出義務）

第220条　次に掲げる場合には、文書の所持者は、その提出を拒むことができない。

一　当事者が訴訟において引用した文書を自ら所持するとき。

二　挙証者が文書の所持者に対しその引渡し又は閲覧を求めることができるとき。

三　文書が挙証者の利益のために作成され、又は挙証者と文書の所持者との間の法律関係について作成されたとき。

四　前3号に掲げる場合のほか、文書

が次に掲げるもののいずれにも該当しないとき。

イ　文書の所持者又は文書の所持者と第196条各号に掲げる関係を有する者についての同条に規定する事項が記載されている文書

ロ　公務員の職務上の秘密に関する文書でその提出により公共の利益を害し、又は公務の遂行に著しい支障を生ずるおそれがあるもの

ハ　第197条第1項第2号に規定する事実又は同項第3号に規定する事項で、黙秘の義務が免除されていないものが記載されている文書

ニ　専ら文書の所持者の利用に供するための文書（国又は地方公共団体が所持する文書にあっては、公務員が組織的に用いるものを除く。）

ホ　刑事事件に係る訴訟に関する書類若しくは少年の保護事件の記録又はこれらの事件において押収されている文書

（文書提出命令等）

第223条　裁判所は、文書提出命令の申立てを理由があると認めるときは、決定で、文書の所持者に対し、その提出を命ずる。この場合において、文書に取り調べる必要がないと認める部分又は提出の義務があると認めることができない部分があるときは、その部分を除いて、提出を命ずることができる。

2　裁判所は、第三者に対して文書の提出を命じようとする場合には、その第三者を審尋しなければならない。

3　裁判所は、公務員の職務上の秘密に関する文書について第220条第4号に掲げる場合であることを文書の提出義務の原因とする文書提出命令の申立てがあった場合には、その申立てに理由がないことが明らかなときを除き、当該文書が同号ロに掲げる文書に該当するかどうかについて、当該監督官庁（衆

議院又は参議院の議員の職務上の秘密に関する文書についてはその院、内閣総理大臣その他の国務大臣の職務上の秘密に関する文書については内閣。以下この条において同じ。）の意見を聴かなければならない。この場合において、当該監督官庁は、当該文書が同号ロに掲げる文書に該当する旨の意見を述べるときは、その理由を示さなければならない。

4 前項の場合において、当該監督官庁が当該文書の提出により次に掲げるおそれがあることを理由として当該文書が第220条第4号ロに掲げる文書に該当する旨の意見を述べたときは、裁判所は、その意見について相当の理由があると認めるに足りない場合に限り、文書の所持者に対し、その提出を命ずることができる。

一 国の安全が害されるおそれ、他国若しくは国際機関との信頼関係が損なわれるおそれ又は他国若しくは国際機関との交渉上不利益を被るおそれ

二 犯罪の予防、鎮圧又は捜査、公訴の維持、刑の執行その他の公共の安全と秩序の維持に支障を及ぼすおそれ

5 第3項前段の場合において、当該監督官庁は、当該文書の所持者以外の第三者の技術又は職業の秘密に関する事項に係る記載がされている文書について意見を述べようとするときは、第220条第4号ロに掲げる文書に該当する旨の意見を述べようとするときを除き、あらかじめ、当該第三者の意見を聴くものとする。

6 裁判所は、文書提出命令の申立てに係る文書が第220条第4号イからニまでに掲げる文書のいずれかに該当するかどうかの判断をするため必要があると認めるときは、文書の所持者にその提示をさせることができる。この場合においては、何人も、その提示された文書の開示を求めることができない。

7 文書提出命令の申立てについての決定に対しては、即時抗告をすることができる。

（証拠保全）

第234条 裁判所は、あらかじめ証拠調べをしておかなければその証拠を使用することが困難となる事情があると認めるときは、申立てにより、この章の規定に従い、証拠調べをすることができる。

（自由心証主義）

第247条 裁判所は、判決をするに当たり、口頭弁論の全趣旨及び証拠調べの結果をしん酌して、自由な心証により、事実についての主張を真実と認めるべきか否かを判断する。

（第一審の訴訟行為の効力等）

第298条 第一審においてした訴訟行為は、控訴審においてもその効力を有する。

2 第167条の規定は、第一審において準備的口頭弁論を終了し、又は弁論準備手続を終結した事件につき控訴審で攻撃又は防御の方法を提出した当事者について、第178条の規定は、第一審において書面による準備手続を終結した事件につき同条の陳述又は確認がされた場合において控訴審で攻撃又は防御の方法を提出した当事者について準用する。

（原判決の確定した事実の拘束）

第321条 原判決において適法に確定した事実は、上告裁判所を拘束する。

2 第311条第2項の規定による上告があった場合には、上告裁判所は、原判決における事実の確定が法律に違反したことを理由として、その判決を破棄することができない。

（原裁判所等による更正）

第333条 原裁判をした裁判所又は裁判長は、抗告を理由があると認めるとき

は、その裁判を更正しなければならない。

・**民事訴訟規則**
（証拠保全の申立ての方式・法第235条）
第153条 証拠保全の申立ては、書面でしなければならない。
2 前項の書面には、次に掲げる事項を記載しなければならない。
　一 相手方の表示
　二 証明すべき事実
　三 証拠
　四 証拠保全の事由
3 証拠保全の事由は、疎明しなければならない。

■その他■

・法の適用に関する通則法

第2条【法律の施行期日】 法律は、公布の日から起算して20日を経過した日から施行する。ただし、法律でこれと異なる施行期日を定めたときは、その定めによる。

第4条【人の行為能力】 人の行為能力は、その本国法によって定める。

2　法律行為をした者がその本国法によれば行為能力の制限を受けた者となるときであっても行為地法によれば行為能力者となるべきときは、当該法律行為の当時そのすべての当事者が法を同じくする地に在った場合に限り、当該法律行為をした者は、前項の規定にかかわらず、行為能力者とみなす。

3　前項の規定は、親族法又は相続法の規定によるべき法律行為及び行為地と法を異にする地に在る不動産に関する法律行為については、適用しない。

第22条【不法行為についての公序による制限】 不法行為について外国法によるべき場合において、当該外国法を適用すべき事実が日本法によれば不法とならないときは、当該外国法に基づく損害賠償その他の処分の請求は、することができない。

2　不法行為について外国法によるべき場合において、当該外国法を適用すべき事実が当該外国法及び日本法により不法となるときであっても、被害者は、日本法により認められる損害賠償その他の処分でなければ請求することができない。

・国家行政組織法
（内部部局）

第7条　省には、その所掌事務を遂行するため、官房及び局を置く。

2　前項の官房又は局には、特に必要がある場合においては、部を置くことができる。

3　庁には、その所掌事務を遂行するため、官房及び部を置くことができる。

4　官房、局及び部の設置及び所掌事務の範囲は、政令でこれを定める。

5　庁、官房、局及び部（その所掌事務が主として政策の実施に係るものである庁として別表第2に掲げるもの（以下「実施庁」という。）並びにこれに置かれる官房及び部を除く。）には、課及びこれに準ずる室を置くことができるものとし、これらの設置及び所掌事務の範囲は、政令でこれを定める。

6　実施庁並びにこれに置かれる官房及び部には、政令の定める数の範囲内において、課及びこれに準ずる室を置くことができるものとし、これらの設置及び所掌事務の範囲は、省令でこれを定める。

7　委員会には、法律の定めるところにより、事務局を置くことができる。第3項から第5項までの規定は、事務局の内部組織について、これを準用する。

8　委員会には、特に必要がある場合においては、法律の定めるところにより、事務総局を置くことができる。

（行政機関の長の権限）

第10条　各省大臣、各委員会の委員長及び各庁の長官は、その機関の事務を統括し、職員の服務について、これを統督する。

（行政機関の長の権限）

第11条　各省大臣は、主任の行政事務について、法律若しくは政令の制定、改正又は廃止を必要と認めるときは、案をそなえて、内閣総理大臣に提出して、閣議を求めなければならない。

・裁判所法
第2条（下級裁判所） 下級裁判所は、高等裁判所、地方裁判所、家庭裁判所及び簡易裁判所とする。

2 下級裁判所の設立、廃止及び管轄区域は、別に法律でこれを定める。

第4条（上級審の裁判の拘束力） 上級審の裁判所の裁判における判断は、その事件について下級審の裁判所を拘束する。

第10条（大法廷及び小法廷の審判） 事件を大法廷又は小法廷のいずれで取り扱うかについては、最高裁判所の定めるところによる。但し、左の場合においては、小法廷では裁判をすることができない。

一 当事者の主張に基いて、法律、命令、規則又は処分が憲法に適合するかしないかを判断するとき。（意見が前に大法廷でした、その法律、命令、規則又は処分が憲法に適合するとの裁判と同じであるときを除く。）

二 前号の場合を除いて、法律、命令、規則又は処分が憲法に適合しないと認めるとき。

三 憲法その他の法令の解釈適用について、意見が前に最高裁判所のした裁判に反するとき。

第24条（裁判権） 地方裁判所は、次の事項について裁判権を有する。

一 第33条第1項第1号の請求以外の請求に係る訴訟（第31条の3第1項第2号の人事訴訟を除く。）及び第33条第1項第1号の請求に係る訴訟のうち不動産に関する訴訟の第一審

二 第16条第4号の罪及び罰金以下の刑に当たる罪以外の罪に係る訴訟の第一審

三 第16条第1号の控訴を除いて、簡易裁判所の判決に対する控訴

四 第7条第2号及び第16条第2号の抗告を除いて、簡易裁判所の決定及び命令に対する抗告

第33条（裁判権） 簡易裁判所は、次の事項について第一審の裁判権を有する。

一 訴訟の目的の価額が140万円を超えない請求（行政事件訴訟に係る請求を除く。）

二 罰金以下の刑に当たる罪、選択刑として罰金が定められている罪又は刑法第186条、第252条若しくは第256条の罪に係る訴訟。

2 簡易裁判所は、禁錮以上の刑を科することができない。ただし、刑法第130条の罪若しくはその未遂罪、同法第186条の罪、同法第235条の罪若しくはその未遂罪、同法第252条、第254条若しくは第256条の罪、古物営業法（昭和24年法律第108号）第31条から第33条までの罪若しくは質屋営業法（昭和25年法律第158号）第30条から第32条までの罪に係る事件又はこれらの罪と他の罪とにつき刑法第54条第1項の規定によりこれらの罪の刑をもつて処断すべき事件においては、3年以下の懲役を科することができる。

3 簡易裁判所は、前項の制限を超える刑を科するのを相当と認めるときは、訴訟法の定めるところにより事件を地方裁判所に移さなければならない。

・行政手続法
（目的等）
第1条 この法律は、処分、行政指導及び届出に関する手続並びに命令等を定める手続に関し、共通する事項を定めることによって、行政運営における公正の確保と透明性（行政上の意思決定について、その内容及び過程が国民にとって明らかであることをいう。第46条において同じ。）の向上を図り、もって国民の権利利益の保護に資することを目的とする。

2 処分、行政指導及び届出に関する手

続並びに命令等を定める手続に関しこの法律に規定する事項について、他の法律に特別の定めがある場合は、その定めるところによる。

・行政不服審査法
（目的等）
第1条　この法律は、行政庁の違法又は不当な処分その他公権力の行使に当たる行為に関し、国民が簡易迅速かつ公正な手続の下で広く行政庁に対する不服申立てをすることができるための制度を定めることにより、国民の権利利益の救済を図るとともに、行政の適正な運営を確保することを目的とする。

2　行政庁の処分その他公権力の行使に当たる行為（以下単に「処分」という。）に関する不服申立てについては、他の法律に特別の定めがある場合を除くほか、この法律の定めるところによる。

（再審査請求）
第6条　行政庁の処分につき法律に再審査請求をすることができる旨の定めがある場合には、当該処分についての審査請求の裁決に不服がある者は、再審査請求をすることができる。

2　再審査請求は、原裁決（再審査請求をすることができる処分についての審査請求の裁決をいう。以下同じ。）又は当該処分（以下「原裁決等」という。）を対象として、前項の法律に定める行政庁に対してするものとする。

・行政事件訴訟法
（この法律の趣旨）
第1条　行政事件訴訟については、他の法律に特別の定めがある場合を除くほか、この法律の定めるところによる。
（この法律に定めがない事項）
第7条　行政事件訴訟に関し、この法律に定めがない事項については、民事訴

訟の例による。

・会社法
第356条【競業及び利益相反取引の制限】
取締役は、次に掲げる場合には、株主総会において、当該取引につき重要な事実を開示し、その承認を受けなければならない。
　一　取締役が自己又は第三者のために株式会社の事業の部類に属する取引をしようとするとき。
　二　取締役が自己又は第三者のために株式会社と取引をしようとするとき。
　三　株式会社が取締役の債務を保証することその他取締役以外の者との間において株式会社と当該取締役との利益が相反する取引をしようとするとき。

2　民法第108条の規定は、前項の承認を受けた同項第2号の取引については、適用しない。

・民事執行法
（その他の財産権に対する強制執行）
第167条　不動産、船舶、動産及び債権以外の財産権（以下この条において「その他の財産権」という。）に対する強制執行については、特別の定めがあるもののほか、債権執行の例による。

2　その他の財産権で権利の移転について登記等を要するものは、強制執行の管轄については、その登記等の地にあるものとする。

3　その他の財産権で第三債務者又はこれに準ずる者がないものに対する差押えの効力は、差押命令が債務者に送達された時に生ずる。

4　その他の財産権で権利の移転について登記等を要するものについて差押えの登記等が差押命令の送達前にされた

場合には、差押えの効力は、差押えの登記等がされた時に生ずる。ただし、その他の財産権で権利の処分の制限について登記等をしなければその効力が生じないものに対する差押えの効力は、差押えの登記等が差押命令の送達後にされた場合においても、差押えの登記等がされた時に生ずる。

5　第48条、第54条及び第82条の規定は、権利の移転について登記等を要するその他の財産権の強制執行に関する登記等について準用する。

（債権及びその他の財産権についての担保権の実行の要件等）

第193条　第143条に規定する債権及び第167条第１項に規定する財産権（以下この項において「その他の財産権」という。）を目的とする担保権の実行は、担保権の存在を証する文書（権利の移転について登記等を要するその他の財産権を目的とする担保権で一般の先取特権以外のものについては、第181条第１項第１号から第３号まで、第２項又は第３項に規定する文書）が提出されたときに限り、開始する。担保権を有する者が目的物の売却、賃貸、滅失若しくは損傷又は目的物に対する物権の設定若しくは土地収用法（昭和26年法律第219号）による収用その他の行政処分により債務者が受けるべき金銭その他の物に対して民法その他の法律の規定によつてするその権利の行使についても、同様とする。

2　前章第２節　第４款　第１目（第146条第２項、第152条及び第153条を除く。）及び第182条から第184条までの規定は前項に規定する担保権の実行及び行使について、第146条第２項、第152条及び第153条の規定は前項に規定する一般の先取特権の実行及び行使について準用する。

・電波法
（裁決）
第94条　総務大臣は、第93条の４の議決があつたときは、その議決の日から７日以内に、その議決により審査請求についての裁決をする。

2　裁決書には、審理を経て電波監理審議会が認定した事実を示さなければならない。

3　総務大臣は、裁決をしたときは、行政不服審査法第51条の規定によるほか、裁決書の謄本を第89条の規定による参加人に送付しなければならない。

・弁理士法
（業務）
第４条　弁理士は、他人の求めに応じ、特許、実用新案、意匠若しくは商標又は国際出願、意匠に係る国際登録出願若しくは商標に係る国際登録出願に関する特許庁における手続及び特許、実用新案、意匠又は商標に関する行政不服審査法（平成26年法律第68号）の規定による審査請求又は裁定に関する経済産業大臣に対する手続についての代理並びにこれらの手続に係る事項に関する鑑定その他の事務を行うことを業とする。

2　弁理士は、前項に規定する業務のほか、他人の求めに応じ、次に掲げる事務を行うことを業とすることができる。

一　関税法（昭和29年法律第61号）第69条の３第１項及び第69条の12第１項に規定する認定手続に関する税関長に対する手続並びに同法第69条の４第１項及び第69条の13第１項の規定による申立て並びに当該申立てをした者及び当該申立てに係る貨物を輸出し、又は輸入しようとする者が行う当該申立てに関する税関長又は財務大臣に対する手続についての代

理

二　特許、実用新案、意匠、商標、回路配置若しくは特定不正競争に関する事件又は著作物（著作権法（昭和45年法律第48号）第2条第1項第1号に規定する著作物をいう。以下同じ。）に関する権利に関する事件の裁判外紛争解決手続（裁判外紛争解決手続の利用の促進に関する法律（平成16年法律第151号）第1条に規定する裁判外紛争解決手続をいう。以下この号において同じ。）であって、これらの事件の裁判外紛争解決手続の業務を公正かつ適確に行うことができると認められる団体として経済産業大臣が指定するものが行うものについての代理

三　前2号に掲げる事務についての相談

四　特許法（昭和34年法律第121号）第105条の2の11第1項及び第2項（同法第65条第6項及び実用新案法（昭和34年法律第123号）第30条において準用する場合を含む。）に規定する意見を記載した書面を提出しようとする者からの当該意見の内容（特許法及び実用新案法の適用に関するものに限る。）に関する相談

3　弁理士は、前2項に規定する業務のほか、弁理士の名称を用いて、他人の求めに応じ、次に掲げる事務を行うことを業とすることができる。ただし、他の法律においてその業務を行うことが制限されている事項については、この限りでない。

一　特許、実用新案、意匠、商標、回路配置若しくは著作物に関する権利若しくは技術上の秘密若しくは技術上のデータの売買契約、通常実施権の許諾に関する契約その他の契約の締結の代理若しくは媒介を行い、又はこれらに関する相談に応ずること。

二　外国の行政官庁又はこれに準ずる機関に対する特許、実用新案、意匠、商標、植物の新品種又は地理的表示（ある商品に関し、その確立した品質、社会的評価その他の特性が当該商品の地理的原産地に主として帰せられる場合において、当該商品が特定の場所、地域又は国を原産地とするものであることを特定する表示をいう。次号において同じ。）に関する権利に関する手続（日本国内に住所又は居所（法人にあっては、営業所）を有する者が行うものに限る。）に関する資料の作成その他の事務を行うこと。

三　発明、考案、意匠若しくは商標（これらに関する権利に関する手続であって既に特許庁に係属しているものに係るものを除く。）、回路配置（既に経済産業大臣に対して提出された回路配置利用権の設定登録の申請に係るものを除く。）、植物の新品種、事業活動に有用な技術上の情報（技術上の秘密及び技術上のデータを除く。）又は地理的表示の保護に関する相談に応ずること。

四　特許、実用新案、意匠、商標若しくは回路配置に関する権利若しくは技術上の秘密若しくは技術上のデータの利用の機会の拡大に資する日本産業規格その他の規格の案の作成に関与し、又はこれに関する相談に応ずること。

第6条　弁理士は、特許法（昭和34年法律第121号）第178条第1項、実用新案法（昭和34年法律第123号）第47条第1項、意匠法（昭和34年法律第125号）第59条第1項又は商標法第63条第1項に規定する訴訟に関して訴訟代理人となることができる。

その他

・製造物責任法
（製造物責任）
第3条　製造業者等は、その製造、加工、輸入又は前条第3項第2号若しくは第3号の氏名等の表示をした製造物であって、その引き渡したものの欠陥により他人の生命、身体又は財産を侵害したときは、これによって生じた損害を賠償する責めに任ずる。ただし、その損害が当該製造物についてのみ生じたときは、この限りでない。

・TRIPS協定
第2条　知的所有権に関する条約
1　加盟国は、第2部、第3部及び第4部の規定について、1967年のパリ条約の第1条から第12条まで及び第19条の規定を遵守する。
2　第1部から第4部までの規定は、パリ条約、ベルヌ条約、ローマ条約及び集積回路についての知的所有権に関する条約に基づく既存の義務であって加盟国が相互に負うことのあるものを免れさせるものではない。

・条約法条約
第53条　一般国際法の強行規範に抵触する条約
　締結の時に一般国際法の強行規範に抵触する条約は、無効である。この条約の適用上、一般国際法の強行規範とは、いかなる逸脱も許されない規範として、また、後に成立する同一の性質を有する一般国際法の規範によってのみ変更することのできる規範として、国により構成されている国際社会全体が受け入れ、かつ、認める規範をいう。

・万国著作権条約
第3条
1　締約国は、自国の法令に基づき著作権の保護の条件として納入、登録、表示、公証人による証明、手数料の支払又は自国における製造若しくは発行等の方式に従うことを要求する場合には、この条約に基づいて保護を受ける著作物であつて自国外で最初に発行されかつその著作者が自国民でないものにつき、著作者その他の著作権者の許諾を得て発行された当該著作物のすべての複製物がその最初の発行の時から著作権者の名及び最初の発行の年とともに©の記号を表示している限り、その要求が満たされたものと認める。©の記号、著作権者の名及び最初の発行の年は、著作権の保護が要求されていることが明らかになるような適当な方法でかつ適当な場所に掲げなければならない。

・商標法旧第12条第1項　商標権ハ営業ト共ニスル場合ニ限リ移転スルコトヲ得
（第2項略）

事 項 索 引

おわりに

　知的財産、特に産業財産権に関する業務を行う上でのバイブルとされているものとして『工業所有権（産業財産権）逐条解説』（特許庁編）がある。この本は、実は基礎法学の知識はほとんど記載されていないが、その知識があることを暗黙の前提としている。もしかすると、それを不親切と思われる方がいるかもしれないが、微分・積分には算数の知識が書いていないことと全く同様であるといえばおそらくご理解いただけるであろう。そのような行間を本書で埋められることを願っている。

　また、本書執筆に際しては、徹頭徹尾、「分かりやすい論理」を重視した。本書が想定している主な読者層は理系出身の人材であるため、知識の羅列ではなく「論理」を重視する必要があると考えたのである。結果的には法全体の究極目的から個々の法律の目的に至るまでを論理的に接続し、個々の法律も結局は法の全体としての究極目的に至ることを明確化できたつもりである。正直、ここまで分かりやすい論理で書かれた基礎法学の本は他にないものと自負している。本書をうまく活用し、スムーズに知的財産の業界で活躍できるなる方が出るようであれば、人材育成に携わる身として望外の喜びである。

　なお、最後に改めて「はじめに」でも述べた木越勉先生について触れたい。実は以前から本書を出したいとは思っていたが、多忙ということもあって腰が重くなっていた。そのようなときに、木越先生から「先生、『理系のための法学入門』（前の書名）の改訂版は出さないんですか？　あの名著を改訂しないなんてもったいない。ぜひ改訂のお手伝いをさせてください」という大変ありがたいお言葉を頂戴した。このように、背中を押してもらえたことこそ、本書がこのタイミングで発刊されるに至った最大の要因である。ここに改めて感謝申し上げたい。

令和5年2月

著者

著者紹介

杉光 一成（すぎみつ かずなり）

1990年 慶應義塾大学法学部法律学科 卒業
1990年 電機メーカー 知的財産部
1991年 弁理士試験 合格
1999年 東京大学大学院・法学政治学研究科・修士課程 修了
2002年 金沢工業大学大学院 教授（現在に至る）
2006年 東北大学大学院・工学研究科 博士 後期課程 修了
　　　　P h.D.
2009年 知財功労賞（特許庁長官表彰）受賞
2014年 日本知財学会・理事
2016年 工業所有権審議会・弁理士試験委員

【主な著作】

『民事訴訟法コンメンタール』（法学書院／2000年）、『著作権法・不正競争防止法コンメンタール』（法学書院／2001年）、『知的財産 管理＆戦略ハンドブック』（発明協会／2008年）、『理系のための法学入門―知的財産法を理解するために』（法学書院／2011年）、『経営・事業企画者のための「IPランドスケープ」入門』（翔泳社／2021年）

知的財産法を理解するための法学入門

2023（令和5）年3月7日 初版発行

著者　杉光 一成

©2023 SUGIMITSU Kazunari

編集／発行　一般社団法人発明推進協会

〒105-0001東京都港区虎ノ門3-1-1 虎の門三丁目ビルディング

℡ 03-3502-5433（編集）／℡ 03-3502-5491（販売）

印刷／製本／デザイン　株式会社丸井工文社　Printed in Japan

落丁・乱丁本はお取り替えいたします。

ISBN978-4-8271-1380-8　C3032